新入介護職員
早期戦力化マニュアル

● 株式会社ウエルビー代表取締役
青木正人

日本医療企画

はじめに

「介護事業は、人にかかっている」とは、よく耳にする話です。

しかし、「職員を大事にしている事業者がそんなに多いのか」と問われると、素直には肯定しかねます。

「人を大切にしている」というより、「人に依存している」経営者が少なくありません。「研修に力を入れている」事業者でも、"How to"（どうすべきか）は教えても、"What to"（なにをすべきか）が示されていないということが、まま見受けられます。

石井淳蔵流通科学大学学長は、本文中でも触れた「暗黙知」について、「科学研究において不可欠な力は、名詞としての知（knowledge）ではなく動詞としての知ること（knowing）、言い換えれば、実在としての知識（knowledge）ではなく知識を得る認識のプロセス（進行形の knowing）である」という意味の知見を述べています（『ビジネス・インサイト──創造の知とは何か』岩波新書,2009 年）。

知識や技術の研修だけでは、「人を育てる」ことはできません。事業の意味や目的を常に問い直しながら、人と組織がともに育っていく動態的な仕組みづくりこそが、継続的に顧客から信頼を勝ち得ていく鍵です。

介護業界においても、「介護職員処遇改善交付金」の創設が、あらためて職員の処遇や教育、キャリアパスについて考える機会をもたらしてくれました。制度や施策の評価を云々する前に、これを奇貨として、質を高める人材育成システムを構築すべきときが来たと捉えるべきでしょう。

執筆にあたって、浅野睦、中村香代、木村暎美子の諸氏をはじめ、この10 年間、株式会社ウエルビーの介護事業マネジメントコンサルティング活動を支えていただいた多くの方々からの、貴重な示唆や助言に感謝いたします。

不況時の失業者の受け皿としての介護事業ではなく、意欲あふれる志望者たちが魅力を感じ、職業人として充実した人生を全うできる事業の確立をめざしている介護事業者のみなさまにとって、本書がその一助となれば幸いです。

2010 年雨水
青木正人

『新入介護職員早期戦力化マニュアル』
目　次

◆ 第1章　人材・サービスの質を高める
　　　　　介護事業のマネジメント ……………………… 7
　　第1節　介護事業の価値と経営理念 ……………………………… 8
　　第2節　サービスの質・人材の質・経営（マネジメント）の質 ……… 10
　　第3節　質を高めるマネジメントとは
　　　　　～ある日突然サービスはよくならない～ ……………… 12
　　第4節　介護事業固有のマネジメントとは ……………………… 15
　　第5節　組織としての「気づき」が継続的改善の前提 …………… 17
　　第6節　サービスの構造と「見える化」 …………………………… 19

◆ 第2章　介護事業の人材・
　　　　　雇用課題改善に向けた施策の動向 …………… 23
　　第1節　雇用難と人材不足解消をめざした「経済危機対策」………… 24
　　第2節　「介護職員処遇改善交付金」は雇用改善の切り札 ………… 26
　　第3節　「介護職員処遇改善交付金」の課題と展望 ……………… 32
　　第4節　「介護職員処遇改善交付金」受給要件となる「キャリアパス」… 34

◆ 第3章　職員戦力化を実現する
　　　　　「人事管理育成トータルシステム」 ………… 39
　　第1節　「人事管理育成トータルシステム」の全体像 …………… 40
　　第2節　人事考課構築のポイント ………………………………… 42
　　第3節　キャリアパス ……………………………………………… 46
　　第4節　目標管理 …………………………………………………… 63

◆ 第4章　職員戦力化のポイント ………………………… 69
　　第1節　サービスの質向上に不可欠な能力とは ………………… 70
　　第2節　期待される役割を明確化するキャリアパス …………… 73
　　第3節　マニュアルの重要性 ……………………………………… 74

◆ 第5章　職員を戦力化する教育・研修 …………………………… 81
第1節　教育・研修の前に考え、実施すべきこと ………………… 82
第2節　人材育成の体系 ……………………………………………… 84
第3節　OFF-JT（集合研修、職務を離れての研修） ……………… 85
第4節　OJT（職務を通じての研修） ………………………………… 92
第5節　SDSと動機づけ ……………………………………………… 95

◆ 第6章　新入介護職員戦力化の留意点 …………………………… 97
第1節　新入介護職員戦力化の留意点 ……………………………… 98

◆ 事例 …………………………………………………………………… 105
ケーススタディ01　社会福祉法人育恵会
　　　　　　　　　宮城の里デイサービスセンター …………… 106
ケーススタディ02　社会福祉法人芳洋会　日の出ホーム ……… 110
ケーススタディ03　株式会社和香紗　在宅ケアセンターわかさ …… 114
ケーススタディ04　社会福祉法人こうほうえん ………………… 118

◆ 巻末
新入介護職員早期戦力化チェックリスト ………………………… 124

第1章

人材・サービスの質を高める介護事業のマネジメント

第1節 介護事業の価値と経営理念

　すべからく事業とは、そこになんらかの価値や目的があるからこそ行うものです。では、**介護事業の価値**とはどのようなものなのでしょうか。

　もちろん、介護保険制度によって規制された「準市場」であるとはいえ、資本主義市場内での経済活動には違いありませんから、利益を上げることは、当然ひとつの大きな目的です。

　しかし、介護事業、とりわけ介護「保険」事業が、保険料と税金に支えられ国民のセーフティーネットとしての責務を担っていることを考えれば、介護を行う企業や法人にとって最大の価値は、他の分野で活動する多くの営利事業者がめざすような「時価総額の極大化」にではなく、**社会的責任を果たし、顧客から認知・信頼を得ること**にあるはずです。

　介護事業者に求められる責任には「法的責任」に加え、「倫理的責任」さらには「戦略的社会責任」があります。このうちの「戦略的社会責任」とは、理念として守るべき責任、言い換えれば「経営理念や方針に基づいた事業行動がとられているかどうか」を問うものといえます（図表1-1参照）。

　したがって、介護事業とは、事業者が、その経営理念や方針に基づいた事業行動をとることによって、自らの組織と社会に対して利益をもたらす事業なのです。

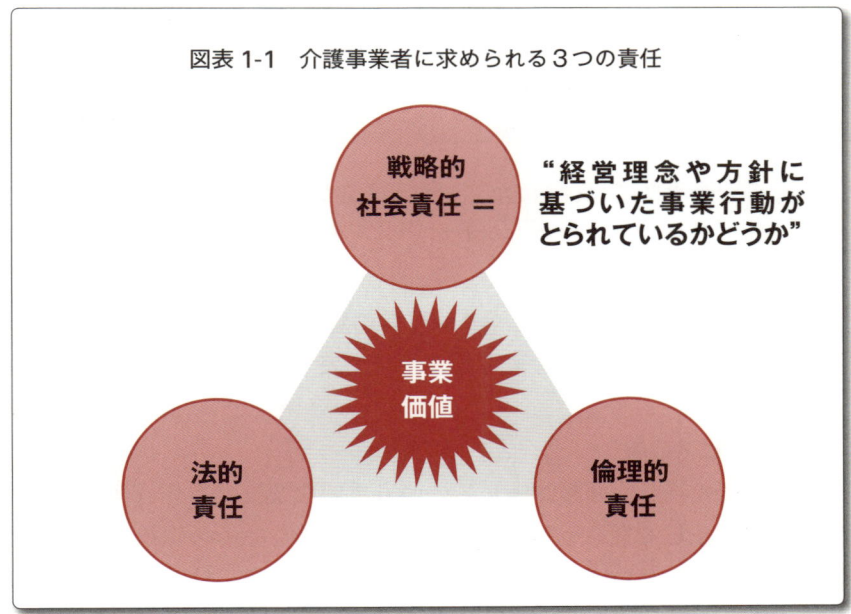

図表 1-1　介護事業者に求められる3つの責任

第2節　サービスの質・人材の質・経営（マネジメント）の質

　昨今の介護事業では、「質の向上」が至上命題のように叫ばれています。では、向上させるべき対象とされている「質」とは一体どのようなものなのでしょうか。

　介護事業における質には、**「サービスの質」「人材の質」「マネジメントの質」**の3つがあると考えられます（図表1-2参照）。

（1）サービスの質

　「サービスの質」は、介護サービスの最も重要な要素であり、質の向上は、介護事業者として事業を継続・発展させていくための必須条件であるといえます。そのためには、「サービス」とは何か、あるいは「サービスの質」とは何か、という点を明確にしておく必要があります。

（2）人材の質

　対人サービスである介護事業においては、人材、とりわけサービス提供者の質が、重要なのは当然です。しかし、優秀な人材がいて、いくらすばらしいサービスが提供できても、それが一度きりでは、顧客にとって何ら利益はありません。継続的な提供ができなければ、介護サービスとしても事業としても、評価の対象にはなりません。

　事業としての介護が成立するには、量的にも質的にも、利用者が満足するに足るサービスを提供することができる人材が必要です。そのためには、体系的・継続的な人材の確保と育成のためのシステムが欠かせません。

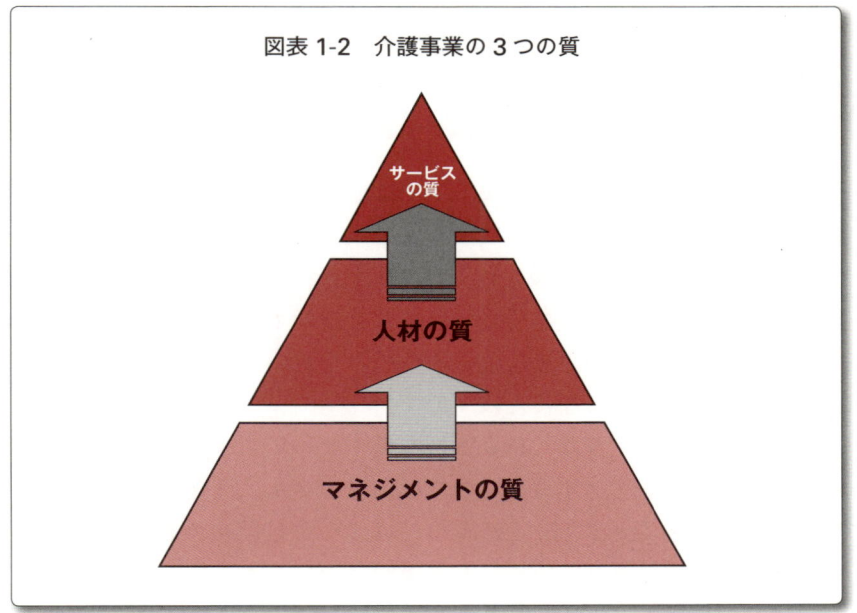

図表1-2　介護事業の3つの質

(3) マネジメントの質

　介護を事業として継続的・発展的に行うために最も重要なポイントは、個々のサービス提供者の能力でも、単なる教育研修の方法でもありません。人材の採用から育成にいたるシステムを構築する、マネジメントそのものが問題なのです。

　マネジメントとは、**経営資源を有効に活用し、業務遂行・目標達成を効果的に推進し、理念・目的の実現に至るプロセスのことです**。人材の質を向上させ、サービスの質を高めていくためには、マネジメントの質を高めることが大切です。

第3節 質を高めるマネジメントとは
～ ある日突然サービスはよくならない ～

　たとえば、外部評価を実施した結果、「自立支援を促すサービスに優れている」という評価を受けたとしましょう。
　それまでは**「ひどく劣悪である」と評価されていたサービスが、ある日、突然「優れている」と評価されることは考えられません**。ある程度の期間にわたってさまざまな改善の取組みを行い、失敗も重ね、徐々に満足が得られるようになったはずです。
　マネジメントの役割は、自立支援を促すサービスへの評価という「現象面だけを見てよしとする」ものではありません。自立支援を促すサービスを提供するためには、**「組織のどのような仕組みが機能したのか」ということを掘り下げてみることが重要となります**。
　事業者が掲げる「独自の理念や方針」「大切にしている考え方」といったものが具現化された姿が「自立支援を促すサービス」であるとすれば、その理念や方針が具体的に実行されるために、どのようなプロセスがあるのか、職員の活動や議論、試行錯誤、改善活動などがどのようなものだったのか、を振り返ってみる必要があります。
　自立支援を促すサービスの改善を検討するための委員会がうまく機能したかもしれませんし、利用者の何気ない声をサービス改善に活かす仕組みが機能したかもしれません。さらに検討した結果、利用者の生活機能を回復させようという生活リハビリが功を奏したかもしれませんし、リハビリテーションプログラムの工夫を、理学療法士と介護職員が協力して行ったことが寄与したのかもしれません。自分たちの事業所や法人独自の優れたやり方や工夫といったものがどこかに隠されていて、うまく具体化されているはずです。そのユニークなやり方や工夫を見ていくことによって、事業者自身の強みが見出されるはずです。
　サービス改善に至るプロセスが、「自立支援を促すサービス以外にも

図表1-3　サービス改善に至るプロセス

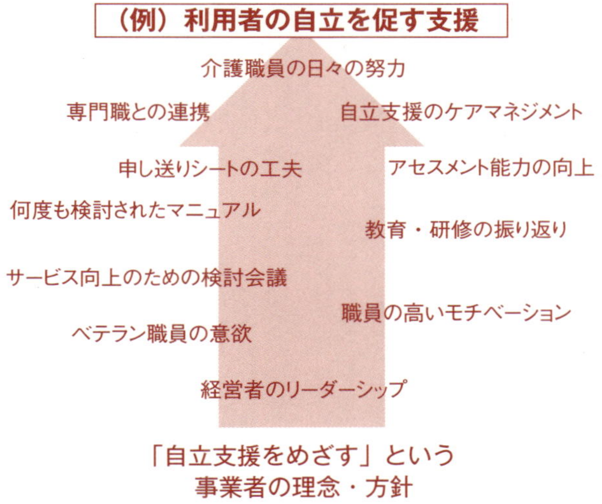

（例）利用者の自立を促す支援

- 介護職員の日々の努力
- 専門職との連携
- 自立支援のケアマネジメント
- 申し送りシートの工夫
- アセスメント能力の向上
- 何度も検討されたマニュアル
- 教育・研修の振り返り
- サービス向上のための検討会議
- 職員の高いモチベーション
- ベテラン職員の意欲
- 経営者のリーダーシップ

「自立支援をめざす」という
事業者の理念・方針

どんな成功事例をもち、他のマネジメントにどのように活かされているか」を検討してみると、さらに拡がりが出てきます。

　さらに、こうした仕組みがうまく働くということは、**職員のモチベーションが高く保たれているということの結果として生まれることが多いものです。**では、「そのモチベーションは、なぜ高く維持されているのか」といったことも分析していくことも大切でしょう。

　このような満足度の高いサービスを提供することができるようになるには、最初に何かきっかけがあったはずです。職員のアイディアや意見だったかもしれません。経営者のリーダーシップが職員のやる気を引き出したかもしれません。利用者の家族からもらった苦情によって、サービスの改善や向上のために検討会議を開いたことがきっかけかもしれません。何度も検討され改善された仕組みが申し送りシートの工夫につながり、情報が充分に共有化されたことかもしれません。

　どんなきっかけから、どのようなプロセスを経て「利用者満足」を生

み出すに至ったのか、ということを振り返ることができれば、より組織的な事業展開が可能になります。それがマネジメントの意義であり、それが機能しているか否かが事業者間の差を生み出すことになるのです（図表1-3参照）。

第4節　介護事業固有のマネジメントとは

　マネジメントが事業継続（going concern；継続企業の前提）の要であることは、営利・非営利の別、企業あるいは公益法人・ＮＰＯなどの形態のいかんを問わず、組織一般に共通する原理・原則です。
　しかし、介護事業者におけるマネジメントには、一般企業のマネジメントとは異なる点があります。第1節で述べたように、一般企業は経済合理性を最優先するのに対し、介護事業者には「社会的責任を果たし、顧客から認知・信頼を得ること」が強く求められます。
　そこで、介護事業におけるマネジメントの視点は、「実現すべき理念・ミッションや方針、めざす姿に対して、その実現のために組織や仕組みが有効に機能しているかどうか」にフォーカスされることになります。
　介護事業者には、その事業者ならではの、過去から培ってきたノウハウや仕組みがあるはずです。その結果が、現在の姿を形作っているのです。そうした過去から続けられた営みによって、知らず知らずのうちに、さまざまな仕組みが機能しています。
　運営会議やカンファレンスなどで話し合われることや、申し送りノートやケース記録の内容など、当たり前に感じていることが、実は、組織の理念・ミッションや方針の実現に役立っていることに気づいているでしょうか。仮に、そうした仕組みが役立っていないとしたら、役立つように改善していく必要があります。**その改善への視点が、まさに介護事業におけるマネジメントの視点なのです。**
　事業者の「課題」とは、理念・ミッションや方針と現状とのギャップ（差）のことです。マネジメントの使命は、その課題を克服することにあります。ですから、「事業者のめざす姿に対して現状の仕組みは機能しているかどうか」を考えることが、介護事業におけるマネジメントの第一歩となるのです。（図表1-4 参照）

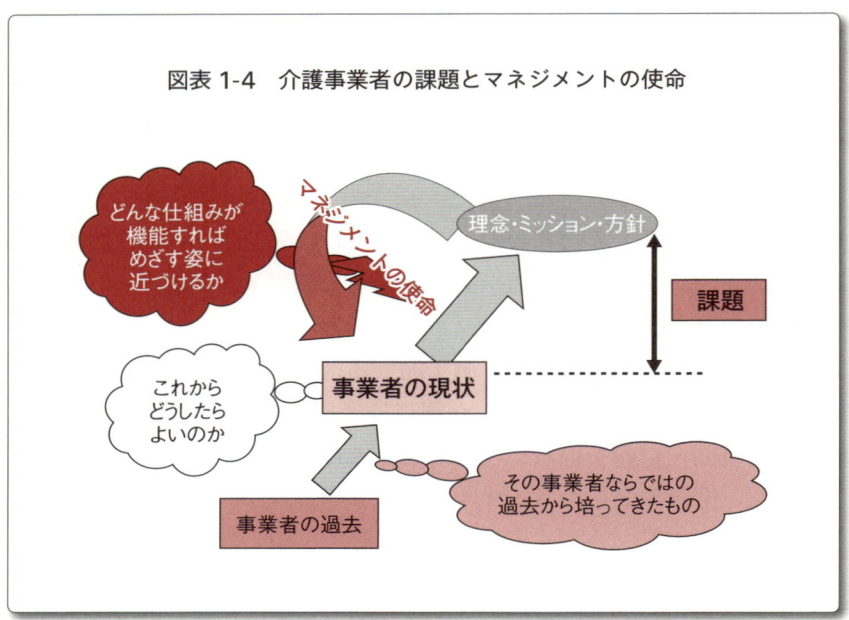

図表 1-4　介護事業者の課題とマネジメントの使命

第5節 組織としての「気づき」が継続的改善の前提

「この研修で『気づき』を得た」など、「気づき」という言葉が、さまざまな場面で使われています。しかし、その真の意味を理解している人は、そう多くありません。

現在では、介護に限らず、多くのビジネスシーンで、「問題意識を持つ」あるいは「課題に気がつく」ことによって、さまざまな改善につなげることができる状態を「気づき」と称しているようです。また、個人の領域でも、「自己の（再）発見」といったような意味で、「気づき」という言葉が用いられています。

本来、「気づき」とは、主に意識に関わる研究で使われる、英語の"awareness（アウェアネス）"という学術用語を翻訳したもので、**人が何らかの情報にアクセスでき、その情報を行動のコントロールに利用できる状態のこと**をいいます。つまり、単に「いままで知らなかった何か

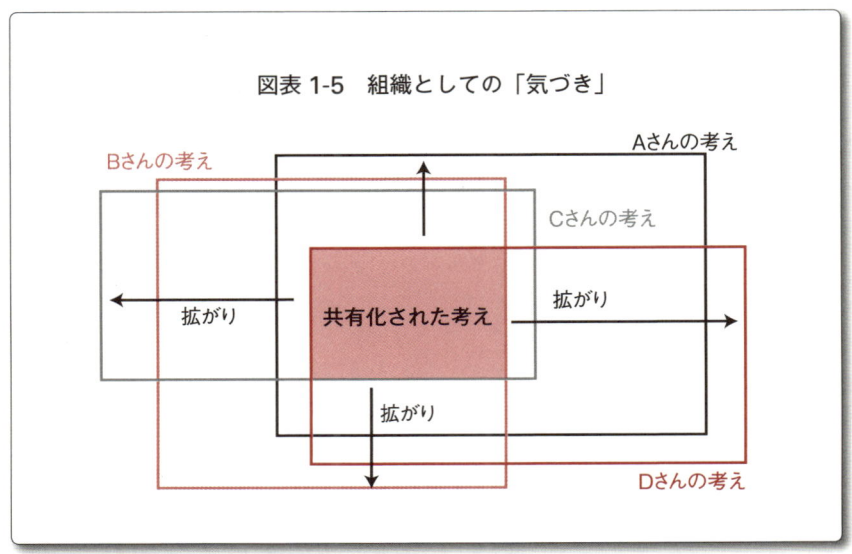

図表1-5 組織としての「気づき」

に気づいた」だけでは、「気づき」とは言えません。

　とりわけ、介護事業におけるマネジメントの使命が、先に述べた、「めざす姿と現状とのギャップ（課題）の発見とその克服」にあるとすれば、「組織としての『気づき』」は、そう単純なものではありません。たまたま、個人が課題に気づいただけでは、組織が、そのめざす姿に向かって継続的に改善を続けていくことはできません。

「たまたま」や「1人だけ」では、「組織としての『気づき』」とは、言えません。複数の組織の成員が、お互いの認識の範囲を差異を含めて明確に認識し、それを共通認識とし得たとき、つまり、組織の中で「共有化」されたときにはじめて、「組織としての『気づき』」が生まれるのです。

　その**共有化された認識＝「気づき」**は、それまでの個々の認識を外側に拡げていくという性格を有するものです。それは、とりもなおさず、組織が改善・発展していくために不可欠な要素だということができます。

（図表1-5参照）

第6節 サービスの構造と「見える化」

最近、「見える化」という言葉を耳にする機会が多くなっています。もともとは、トヨタの生産管理に端を発した言葉ですが、サービス業にも徐々に浸透してきています。

その意義は、
　①経営上の問題を可視化して、特定すること
　②可視化された問題を現場の改善的取組みを通じて解決すること
という点にあります。

介護事業においても、同様な取組みはたいへん重要です。

介護事業におけるマネジメントの視点は、「実現すべき理念・ミッションや方針、めざす姿に対して、その実現のために組織や仕組みが有効に機能しているかどうかにある」と述べましたが、介護事業がサービス業である以上、この理念・ミッションや方針は、当然サービス提供というパフォーマンスを通じて実現されなければなりません。

そのためには、サービスを「構造」として捉える必要があります。上部構造である「具体的なサービス」（利用者から見えるサービス）は、下部構造である「組織内部の見えない部分」（たとえば職員の技術やノウハウ、教育）によって支えられています。そして、その見えない部分の底辺には「組織がめざす理念・ミッションや方針、大切にしている価値」などが存在しています。

マネジメントをうまく機能させるためには、まず、**理念・ミッションや方針を明確にして組織に周知し、組織のメンバーに役割と責任を認識させます**。その上で、必要な資源を提供して、業務を遂行しやすい仕組みを構築し、めざすサービスを提供するための教育を行って、高いレベルで技術や知識を発揮できるようにすることが必要です。

このように、下部構造から上部構造への上向きのベクトルがうまく作

用したときに、サービスは利用者満足を達成するための「必要条件」を備えることになります（図表1-6参照）。

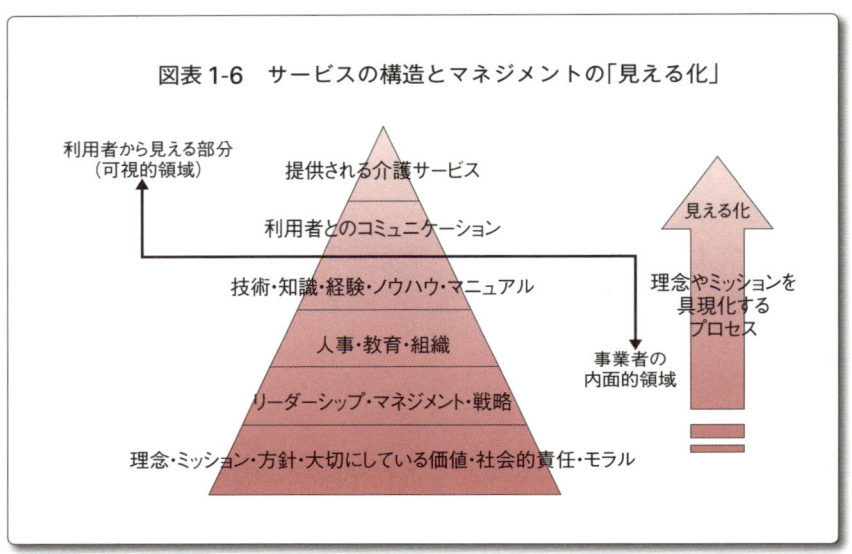

図表1-6　サービスの構造とマネジメントの「見える化」

ところが、サービスを改善しようとする際には、えてして目に見えるサービスのあり方ばかりに目が向けられがちです。しかし、目に見える部分そのものを変えようとすると、「無形性」（目で見ることができず、形としても残らない）や「同時性」（生産と消費が、同じ時間、同じ空間で、同時に起こり、利用者みずからが、サービスの生産工程に参加する）、「不可逆性」（いったん消費（利用）してしまうと、元に戻すことができない）などといったサービス固有の特性が要因となり、成果は、なかなか上がりません。

また、組織としての継続性も高まりません。さらに、マニュアルや業務手順書といった「目に見えるツール」の改善・整備にだけに目を奪われていても、根本的な解決には至りません。

見えない部分に目を向けて、仕組みや業務プロセス、仕事のやり方、教育のあり方などを変えなければ、本質的な解決・改善には至らないの

です。それには、**上部構造から下部構造へ不備の要素や改善要因を求めていくという下向きのベクトル、サービス構造を把握したマネジメントの改善プロセスが不可欠です。**

　思いつきや場当たり的な「結果オーライのサービス改善」ではなく、「記録やマニュアルが、めざすサービスの実現に役立っているか」「教育・研修は、組織がめざすサービスの水準を上げることに役立っているか」「仕組みが機能して、ケアに効果的に活かされているか」といった視点で、サービスを計画的で継続的に高めていこうとする取組みこそが、介護事業のマネジメントに求められる「見える化」です（図表1-7参照）。

図表1-7　結果オーライから必然的な結果へ

「経験」「勘」「度胸」
「場当たり的」「見よう見まね」

結果オーライ
　曖昧なプロセスは曖昧な結果を生む
　やってみなければわからない
　失敗が次に活かされない

↓

機能的
効果的　マネジメント
計画的
組織的

必然的な結果
　明確なプロセスから明確な結果を生む
　想定できる
　失敗してもノウハウが残る

第1章のまとめ

◆ **介護事業の価値**
社会的責任を果たし、顧客から認知・信頼を得ること

◆ **介護事業の質**
「サービスの質」を高めるためには、「人材の質」が担保されていなければならず、そのためには、「マネジメントの質」を高めることが不可欠

◆ **マネジメント**
経営資源を有効に活用し、業務遂行・目標達成を効果的に推進し、理念・目的の実現に至るプロセス

◆ **介護事業マネジメントの第一歩**
「事業者のめざす姿に対して現状の仕組みは機能しているかどうか」を考えること

◆ **組織としての「気づき」**
複数の組織の成員が、お互いの認識の範囲を差異を含めて明確に認識し、それを共通認識とする（組織の中で「共有化」する）こと

◆ **サービス構造の「見える化」**
サービス（上部構造）を改善するために、見えない部分（下部構造）に目を向けて、仕組みや業務プロセス、仕事のやり方、教育のあり方などを変えるマネジメントの改善プロセス

第2章

介護事業の人材・雇用課題改善に向けた施策の動向

第1節　雇用難と人材不足解消をめざした「経済危機対策」

　制度ビジネスである介護「保険」事業は、いうまでもなく、国の施策に企業の経営戦略の方向性を大きく依存せざるを得ません。2000年の介護保険制度の開始以来、右肩上がりに成長を続けてきた介護事業が大きな転換点を迎えたのが、2005年（施行は2006年）の介護保険法改正と2006年の2度目の介護報酬改定による制度改革であることは言を俟ちません。これら一連の改革は、「制度の持続可能性」を謳い、実質的な給付抑制を実現するに至りました。

　しかし、「給付抑制」の方針は、思わぬかたちで再転換を余儀なくされます。経済、社会情勢の激変と労働・雇用市場の悪化です。その結果、2009年度には「プラス3％介護報酬改定」と方針転換がはかられました。

　リーマンショックに続く世界的な金融危機と不況は、わが国経済にも甚大な影響を及ぼしました。そのため当時の自民党麻生政権は、「経済危機対策」を緊急に策定し、総額14兆円を上回る過去最大規模の補正予算を成立させました。

　介護分野においては、このうちの「健康長寿・子育て」の一環として、「介護職員の処遇改善と介護拠点整備」が掲げられ、**介護人材の処遇を改善し、人材確保を図るとともに、介護基盤の緊急整備により新たな雇用機会を創造する**と明記されました（図表2-1参照）。

「来るべき超高齢社会を迎える中で、国民が安心して老後を迎えることができるようにするとともに、現下の厳しい雇用情勢の中で、介護分野における雇用の創出・人材養成等につながるよう、総合的な対策を講じる」ために、総額7,000億円を超える大規模な財政出動が決定されたのです。

第2章 ◆ 介護事業の人材・雇用課題改善に向けた施策の動向

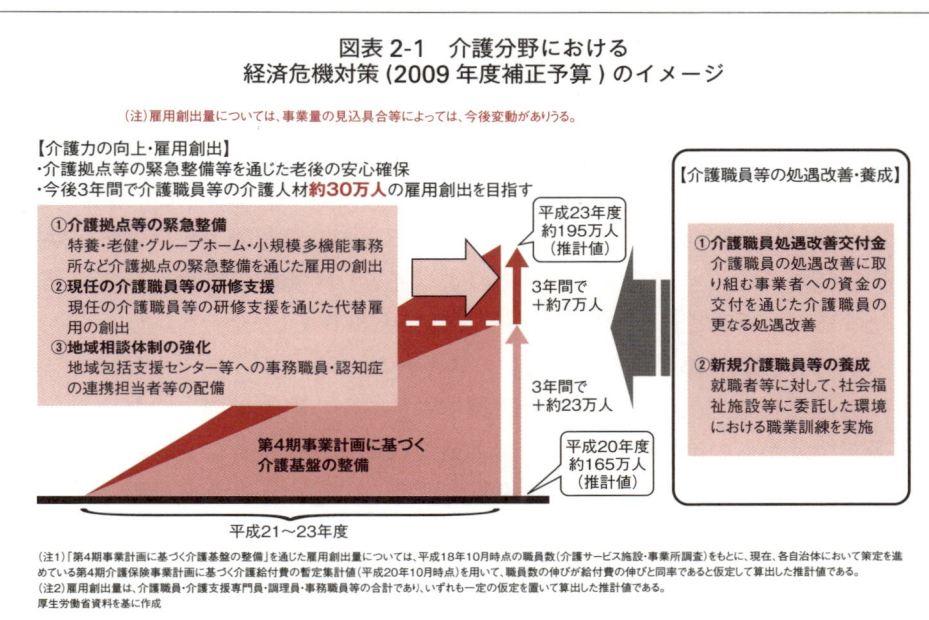

出典:「経済危機対策」(内閣府ウェブサイト)「経済危機対策」に関する政府・与党会議、経済対策閣僚会議合同会議(2009年4月10日)

その具体的内容は、以下の通りです。

○ 介護職員の処遇改善やスキルアップの取組を行う事業者に対し、3年間助成
○ 介護施設や地域介護拠点の整備に対する助成および融資の3年間拡大
○ 福祉・介護人材の資格取得等のキャリア・アップ支援等
　・離職者等への無料の職業訓練
　・現任介護職員等の研修支援
　・個々の求職者にふさわしい職場紹介と定着支援
　・地域における相談支援体制の整備
○ 社会福祉施設等の耐震化、スプリンクラー整備、施設に対する優遇融資拡充等
○ 生活支援ロボット等の実用化支援
○ 特別養護老人ホーム等への整備転換等に対する財政支援

第2節　「介護職員処遇改善交付金」は雇用改善の切り札

「経済危機対策」のうち、介護分野における最大の目玉といえる施策が、「介護職員処遇改善交付金」です。プラス3％の介護報酬改定の効果が疑問視される中、**全額を国費で、そのすべてを介護職員の賃金アップに充当する**という、これまでに類を見ない施策となりました。

(1)「介護職員処遇改善交付金」のスキーム

介護職員処遇改善交付金は介護職員のさらなる処遇の向上のため、介護事業者からの申請に基づき、介護報酬とは別に交付されます。交付額は、サービス毎の介護職員数（常勤換算）に応じて定められた交付率によります。介護職員のないサービスは対象とはなりません。

交付方法は、都道府県が基金を設置して実施し、支払いは国保連に委託されています。財源は、全額国費で、事業規模は合計約3,975億円（常勤換算した**介護職員1人当たり月額平均1.5万円の賃金引上げ**に相当する額）に達しています（図表2-2・2-3参照）。

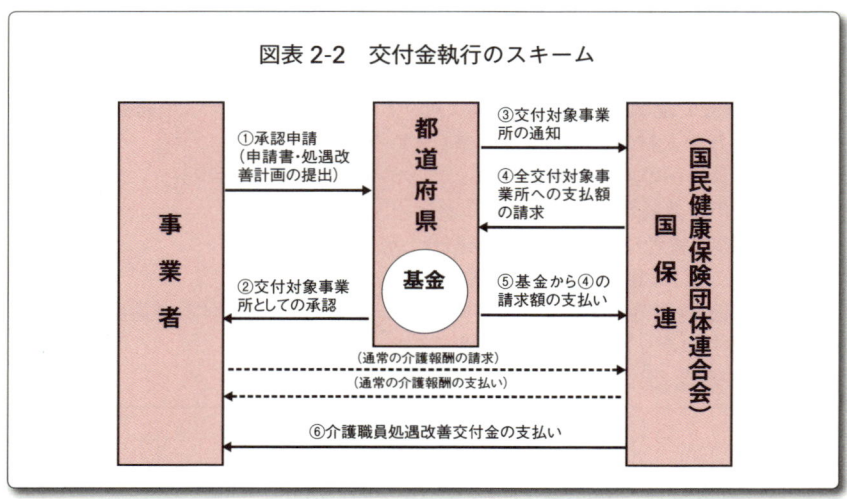

図表 2-2　交付金執行のスキーム

出典：「全国介護保険担当課長会議資料」厚生労働省（2009年5月28日）

図表 2-3　サービスごとの介護職員処遇改善交付金の交付率

サービス名	交付率
○（介護予防）訪問介護　　○夜間対応型訪問介護	4.0%
○（介護予防）訪問入浴介護	1.8%
○（介護予防）通所介護	1.9%
○（介護予防）通所リハビリテーション	1.7%
○（介護予防）特定施設入居者生活介護 ○地域密着型特定施設入居者生活介護	3.0%
○（介護予防）認知症対応型通所介護	2.9%
○（介護予防）小規模多機能型居宅介護	4.2%
○（介護予防）認知症対応型共同生活介護	3.9%
○介護福祉施設サービス ○地域密着型介護老人福祉施設 ○（介護予防）短期入所生活介護	2.5%
○介護保健施設サービス ○（介護予防）短期入所療養介護（老健）	1.5%
○介護療養施設サービス　　○（介護予防）短期入所療養介護（病院等）	1.1%
【助成対象外】 ○（介護予防）訪問看護　　○（介護予防）訪問リハビリテーション ○居宅介護支援　　○介護予防支援 ○（介護予防）福祉用具貸与　　○（介護予防）居宅療養管理指導	0%

※当該サービスの交付率＝ $\dfrac{\text{当該サービスの介護職員数（常勤換算）（全国計）}\times 15{,}000\text{円}\times 12\text{か月}}{\text{当該サービスの総費用額（全国計）}}$

※交付額＝介護報酬総額（利用者負担を含み補足給付は含まず）×サービス毎に定める交付率

出典：「介護職員処遇改善交付金（仮称）における交付率について」厚生労働省老健局事務連絡（2009年6月17日）

(2) 処遇改善計画の概要

●処遇改善計画書の構成

処遇改善計画書は、「賃金改善について」と「賃金改善以外の処遇改善について」により構成されています。

●介護職員への周知

事業者は、処遇改善計画書をすべての職員が閲覧できるような場所に掲示する等の方法により、すべての職員に周知をした上で、都道府県に提出しなければなりません。

●処遇改善計画書の作成単位

原則として、事業所または施設ごとに当該事業所の所在地を管轄する都道府県あてに提出しますが、事業所等ごとではなく、事業者（法人）が一括で作成してもかまいません。また、同一の就業規則により運営されている地域・サービス等ごとの作成も可能です。この場合も、提出は都道府県ごとに行いますが、必ずしも事業所ごとに書類を作成する必要はなく、処遇改善計画書に事業所等の一覧表を添付すれば足ります。

●事業年度

交付金事業の年度区分は、当該年の4月から翌年の3月支払い分まで（12か月間）とし、その交付金の額の根拠となる介護サービスは、原則として、当該年の2月から翌年1月までに提供された介護サービスです。

ただし、2009年度と2012年度については、交付金支給の始期および終期が異なるため、2009年度は、2009年12月から2010年3月の交付金支払い分までの4か月間、2012年度は、2012年4月から5月の交付金支払い分までの2か月間となっています。

●賃金増加分の支払い方法

月ごとでも一括して支払うことも可能です。

●賃金改善額の比較対象

賃金改善額は、原則として、2008年度下半期（10〜3月）における介護職員の賃金水準との比較によることとされています。このため、申請日以前の改善分であっても、2009年度介護報酬改定を踏まえて実施

した賃金改善額（例えば、2009年4月に実施したベースアップ等）のうち、賃金改善実施期間における支給分については、賃金改善額に含まれることとなります。ただし、賃金改善実施期間より前の支給分は、賃金改善額に含めることはできません。

(3) 処遇改善計画書における改善の具体的な内容

●賃金改善についての記載事項

①交付金見込額

②賃金改善所要見込額

③賃金改善の方法

ア　改善しようとする給与項目
　○基本給の増額（ベースアップ）
　○各種手当の増額
　○手当の新設
　○夜勤手当の単価の割り増し
　○賞与または一時金の新設　等

イ　交付金による賃金改善実施期間

　賃金改善実施期間は、事業者の選択により定めるものとされ、当該年2月から翌年4月までの間で、交付金支給月数と同じ月数の連続する期間（始期は交付の根拠となる介護サービス提供月以降で、終期は事業年度における最終交付金の支払い月の翌月）とされています。

　なお、2009年度と2012年度については、交付金支給の始期および終期が異なるため、2009年度は、事業者の選択により、2009年10月から2010年4月までの間で、交付金支給月数と同じ月数の連続する期間、2012年度は、2012年2月から6月までの間で、交付金支給月数と同じ月数の期間となります。

　ちなみに、2009年度における賃金改善実施期間は、図表2-4の通りです。

ウ　賃金改善を行う方法

　賃金改善の実施時期や一人当たりの賃金改善見込額を、可能な限り具体的に記載します。

図表 2-4　2009 年度の賃金改善実施期間

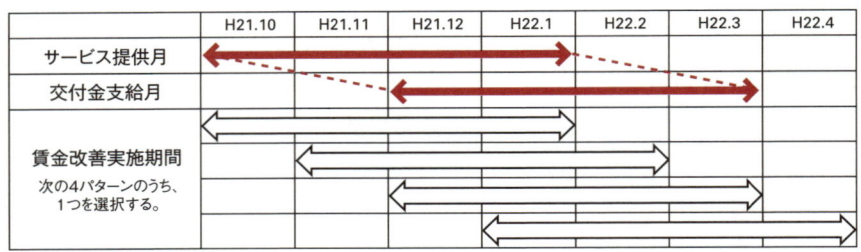

出典:「平成21年度介護職員処遇改善等臨時特例交付金の運営について Q&A」厚生労働省老健局（2009年8月3日）

④賃金についての状況
ア　介護職員賃金総額
イ　1人当たりの介護職員賃金総額

●賃金以外の処遇改善についての記載事項

以下のものが例示されていますが、具体的な記載内容は任意でよく、必ずしもこれに準ずる必要はありません。

ア　処遇全般
　○賃金体系等の人事制度の整備
　○非正規職員から正規職員への転換
　○短時間正規職員制度の導入
　○昇給または昇格要件の明確化
　○休暇制度、労働時間等の改善
　○職員の増員による業務負担の軽減

イ　教育・研修
　○人材育成環境の整備
　○資格取得や能力向上のための措置
　○能力向上が認められた職員への処遇、配置の反映

ウ　職場環境
　○出産・子育て支援の強化
　○ミーティングなどによる職場内コミュニケーションの円滑化

○事故、トラブルへの対応マニュアル等の作成
○介護補助器具等の購入、整備等
○健康診断、腰痛対策、こころの健康等の健康管理面の強化
○職員休憩室・喫煙スペース等の整備
○労働安全衛生対策の充実
○業務省力化対策

エ その他の改善

図表2-5　介護職員処遇改善交付金の申請率について (H 21.12月末現在)

	都道府県名	申請率		都道府県名	申請率
1	北海道	80%	25	滋賀県	80%
2	青森県	83%	26	京都府	87%
3	岩手県	87%	27	大阪府	82%
4	宮城県	82%	28	兵庫県	78%
5	秋田県	87%	29	奈良県	73%
6	山形県	90%	30	和歌山県	80%
7	福島県	80%	31	鳥取県	75%
8	茨城県	78%	32	島根県	88%
9	栃木県	79%	33	岡山県	80%
10	群馬県	78%	34	広島県	86%
11	埼玉県	79%	35	山口県	86%
12	千葉県	78%	36	徳島県	77%
13	東京都	74%	37	香川県	81%
14	神奈川県	83%	38	愛媛県	81%
15	新潟県	83%	39	高知県	75%
16	富山県	84%	40	福岡県	80%
17	石川県	84%	41	佐賀県	76%
18	福井県	84%	42	長崎県	82%
19	山梨県	82%	43	熊本県	86%
20	長野県	76%	44	大分県	80%
21	岐阜県	78%	45	宮崎県	71%
22	静岡県	81%	46	鹿児島県	80%
23	愛知県	79%	47	沖縄県	79%
24	三重県	77%		計	80%

※色アミになっている都道府県は、申請率が80%以上のところです
出典:「介護職員処遇改善交付金の申請率について」厚生労働省（2010年1月15日）

第3節 「介護職員処遇改善交付金」の課題と展望

「介護職員処遇改善交付金」の最大の課題は、次の2点です。
　①次期（2012年）介護報酬改定までの「時限的な政策」として打ち出されたこと
　②支給対象が介護職員に限定されたこと

　旧（自民党中心）政権下での決定は時限的なもので、3年たったらなくなるのか、継続されるのか、あるいは介護報酬として包括化されるのかは、明らかにはされていませんでした。

　しかし、民主党中心の新政権の長妻昭厚生労働大臣は、「介護職員処遇改善交付金」の申請を促すとともに、2012年度以降も引き続き、介護職員の処遇改善に取り組む方針を示しました。また、「一過性で終わらせず、恒久的に措置していきたい」と述べています。

　このような方向性が維持されれば、支給対象職種の拡大を含めた、より多様で大規模な対応となる可能性もあります。

　また、新政権は、2009年12月に、「新成長戦略（基本方針）〜輝きのある日本へ〜」を決定しました。これは、環境や医療・介護そして観光などを中心に需要を生み出し、2020年までの10年間で日本経済を再生させるための新たな経済成長戦略を示したものです。

　この中で、「健康」分野（医療と介護を合わせたカテゴリー）の戦略は、「ライフ・イノベーションによる健康大国戦略」として明示され、2020年までに、**医療・介護・健康関連サービスの需要に見合った産業育成と雇用の創出、新規市場約45兆円、新規雇用約280万人**を達成することが目標とされました（図表2-6・2-7参照）。

　このような諸事情を踏まえ、介護事業経営者には、**介護職員処遇改善交付金を、今後の成長を見据えた人事管理制度整備の起点にする**というポジティブな事業姿勢が求められます。

第2章 ◆ 介護事業の人材・雇用課題改善に向けた施策の動向

図表 2-6　新成長戦略（健康分野）のポイント

健康（医療・介護）

【2020年までの目標】
需要に見合った産業育成と雇用の創出
● 新規市場約45兆円、新規雇用約280万人
【主な施策】
● 医療・介護・健康関連産業の成長産業化
（民間事業者等の参入促進など）
● 革新的な医療技術、医薬品、機器の研究開発・
実用化推進
● アジア等海外市場への展開促進
● バリアフリー住宅の供給促進

出典：「新成長戦略（基本方針）」閣議決定（2009年12月30日）

図表 2-7　「新成長戦略の基本方針～輝きのある日本へ～」（抄録）

「ライフ・イノベーションによる健康大国戦略」より
（医療・介護・健康関連産業を成長牽引産業へ）
　我が国は、国民皆保険制度の下、低コストで質の高い医療サービスを国民に提供してきた結果、世界一の健康長寿国となった。世界のフロンティアを進む日本の高齢化は、ライフ・イノベーション（医療・介護分野革新）を力強く推進することにより新たなサービス成長産業と新・ものづくり産業を育てるチャンスでもある。
　したがって、高い成長と雇用創出が見込める医療・介護・健康関連産業を日本の成長牽引産業として明確に位置付けるとともに、民間事業者等の新たなサービス主体の参入も促進し、安全の確保や質の向上を図りながら、利用者本位の多様なサービスが提供できる体制を構築する。誰もが必要なサービスにアクセスできる体制を維持しながら、そのために必要な制度・ルールの変更等を進める。……
　これらの施策を進めるとともに、持続可能な社会保障制度の実現に向けた改革を進めることで、超高齢社会に対応した社会システムを構築し、2020年までに医療・介護・健康関連サービスの需要に見合った産業育成と雇用の創出により、新規市場約45兆円、新規雇用約280万人を目標とし、すべての高齢者が、家族と社会のつながりの中で生涯生活を楽しむことができる社会をつくる。また、日本の新たな社会システムを「高齢社会の先進モデル」として、アジアそして世界へと発信していく。

出典：「新成長戦略（基本方針）」閣議決定（2009年12月30日）

第4節 「介護職員処遇改善交付金」受給要件となる「キャリアパス」

「介護職員処遇改善交付金」の受給にあたって、1年目については、選択的な処遇改善要件として、2009年度介護報酬改定を踏まえた賃金改善以外の処遇改善事項をチェックすることが示されました。これに加え、2010年10月以降については、2009年度介護報酬改定を踏まえた「処遇改善について定量的な要件」を課すこと、さらには、「キャリアパスに関する要件」が追加され、これを満たさない場合は減額されることになります。

(1) 処遇改善に関する定量的要件

「処遇改善について定量的要件」とは、「勤務シフトの改善」や「教育研修の充実を一定額分以上行うこと」、などをいいます。

2009年介護報酬改定を踏まえた処遇改善に関する定量的要件については、2010年度当初までは、2009年4月以降に実施した（または実施予定の）事項について、1件以上記載することが求められていましたが、2010年10月サービス分以降は、**実際に実施した内容およびそれに要した概算額の記載**が求められるようになりました。

具体的な要件の内容は、次のとおり示されています。

> すべての介護職員に対して、届出日（2011年度以降の承認申請に当たっては申請日）の属する月の前月（以下「基準月」）までに実施した2009年4月介護報酬改定を踏まえた処遇改善（賃金改善を除く）について、その実施した内容について1つ以上を明示するとともに、当該改善のため2008年10月から基準月までに要した費用の概算額を記載し周知を行っていること
>
> （注1）費用の概算の方法についてはQ&Aで補足することを予定。
> （注2）既に実施した事項の総額を記載することを要件としており、実績報告時の確認対象とはしない。

(2) キャリアパス要件

「キャリアパスに関する要件」とは、例えば「介護職員についてどのようなポスト・仕事があり、そのポスト・仕事に就くために、どのような能力・資格・経験等が必要なのか」を定め、「それに応じた給与水準」を定めることをいいます。

厚生労働省は、この「キャリアパス」の具体的な要件については、当初2010年度当初からの適用をめざしていましたが、2009年11月の「全国地域包括ケア推進会議」において、「2010年2月からの適用はしない」とのスケジュール案を示しました。

2009年12月には「介護職員のキャリアパスに関する懇談会」を開催して、関係団体や有識者から意見を聴取するとともに、各介護団体によるキャリアパスのモデルについても、公表を行っています（図表2-8・2-9参照）。

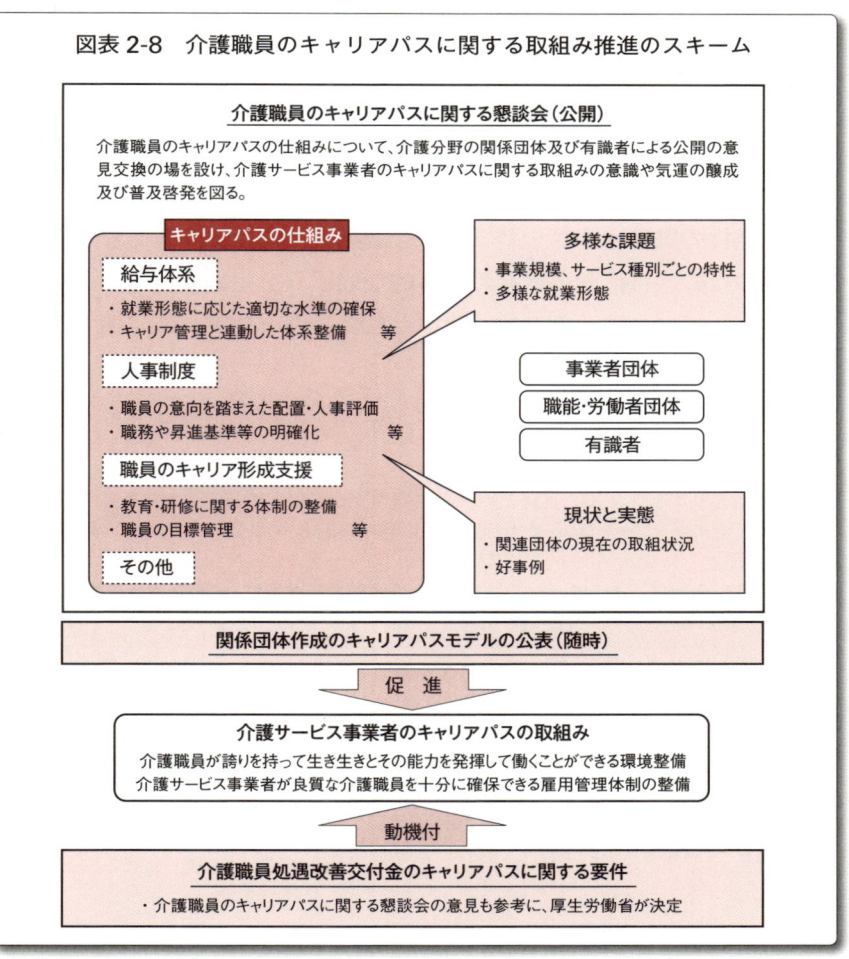

図表2-8　介護職員のキャリアパスに関する取組み推進のスキーム

介護職員のキャリアパスに関する懇談会（公開）
介護職員のキャリアパスの仕組みについて、介護分野の関係団体及び有識者による公開の意見交換の場を設け、介護サービス事業者のキャリアパスに関する取組みの意識や気運の醸成及び普及啓発を図る。

キャリアパスの仕組み
- 給与体系
  - 就業形態に応じた適切な水準の確保
  - キャリア管理と連動した体系整備　等
- 人事制度
  - 職員の意向を踏まえた配置・人事評価
  - 職務や昇進基準等の明確化　等
- 職員のキャリア形成支援
  - 教育・研修に関する体制の整備
  - 職員の目標管理　等
- その他

多様な課題
- 事業規模、サービス種別ごとの特性
- 多様な就業形態

事業者団体
職能・労働者団体
有識者

現状と実態
- 関連団体の現在の取組状況
- 好事例

↓

関係団体作成のキャリアパスモデルの公表（随時）

↓ 促進

介護サービス事業者のキャリアパスの取組み
介護職員が誇りを持って生き生きとその能力を発揮して働くことができる環境整備
介護サービス事業者が良質な介護職員を十分に確保できる雇用管理体制の整備

↓ 動機付

介護職員処遇改善交付金のキャリアパスに関する要件
・介護職員のキャリアパスに関する懇談会の意見も参考に、厚生労働省が決定

出典：「介護職員のキャリアパスに関する懇談会」厚生労働省（2009年12月11日）

その結果、厚生労働省は、2010年3月、次のような決定を行いました。
①原則
　キャリアパスに関する要件は、原則として、以下の3つの要件に該当していることとされています。

> ア　介護職員の職位・職責または職務内容等に応じた任用（登用）等の要件を定めている
> イ　アに掲げる職位・職責または職務内容等に応じた賃金体系（賃金とは基本給・資格手当を含む諸手当のことで、一時金等の臨時的に支払われるものは除く）について定めている
> ウ　アおよびイの内容について、就業規則等の明確な根拠規程を書面で整備し、すべての介護職員に周知している
> （注）就業規則「等」については法人全体の取扱要領的なものや労働基準法上の作成義務がない小規模事業所（場）における内規等を想定。

②例外
　原則として示された上記の3つの要件によりがたい場合、例えば小規模事業者などは、その旨をすべての介護職員に周知した上で、「すべての介護職員の職務内容等を踏まえ、介護職員と意見を交換しながら、資質向上のための目標およびその具体的な取組みを定めている」という要件に該当していれば、例外的な扱いとして、キャリアパスに関する要件を満たしているとみなされます。
　この「資質向上のための目標の例」として、以下のようなものが示されています。

> ア　利用者のニーズに応じた良質なサービスを提供するために、介護職員が技術能力（例：介護技術・コミュニケーション能力・協調性・問題解決能力・マネジメント能力等）の向上に努めること
> イ　事業所全体での資格等（例：介護福祉士、介護職員基礎研修、訪問介護員研修等）の向上に努めること

　また「具体的な取組み」については、次のアまたはイの事項が必須とされています。

> ア　資質向上のための計画にそって、研修機会の提供または技術指導等を実施（OJT・OFF-JT等）するとともに、介護職員の能力評価を行うこと
> イ　資格取得のための支援（例：研修受講のための勤務シフトの調整、休暇の付与、費用（交通費・受講料等）の援助等）

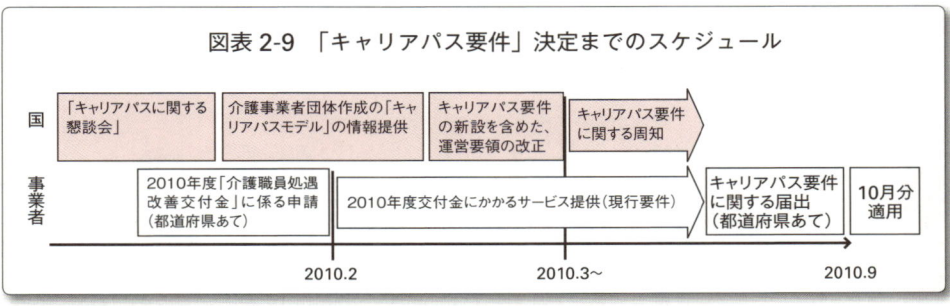

図表2-9 「キャリアパス要件」決定までのスケジュール

国	「キャリアパスに関する懇談会」	介護事業者団体作成の「キャリアパスモデル」の情報提供	キャリアパス要件の新設を含めた、運営要領の改正	キャリアパス要件に関する周知		
事業者		2010年度「介護職員処遇改善交付金」に係る申請（都道府県あて）	2010年度交付金にかかるサービス提供（現行要件）		キャリアパス要件に関する届出（都道府県あて）	10月分適用
		2010.2		2010.3〜		2010.9

出典：「介護職員のキャリアパスに関する懇談会」厚生労働省（2009年12月11日）を基に作成

（3）適用時期

定量的要件、キャリアパスに関する要件とも、届出期限は2010年9月末日、減算の適用時期は、2010年10月サービス分以降とされています。

ただし、仮に要件を満たさない場合でも、2010年9月以前に遡及して減算することはありません。

（4）減算率

これら2つの要件を満たさない場合の減算率は、キャリアパス要件、定量的要件それぞれ「サービスごとの交付率×10％」が減算されます。したがって、両方の要件を満たさない場合は、「サービスごとの交付率×20％」が減算されることになります。

経営者は、このキャリアパスの設定という課題を、「自社のマネジメントシステムの見直しの好機」と考えるべきです。第1章でみたように、継続的な事業運営を確実なものとし、事業価値を高めていくためには、人材の質の向上が欠かせません。

明確なキャリアプランを提示することが、職員の成長と**モラールアップ**を促します。このような観点から、次章以降では、「人事管理育成トータルシステム」を（再）構築するための方策を考えていきます。

第2章のまとめ

◆ **「経済危機対策」**
　「介護拠点の緊急整備」や「介護職員の処遇改善と養成」を柱とする雇用難と人材不足解消をめざした政府の施策

◆ **「介護職員処遇改善交付金」**
　「経済危機対策」のうち、最大の目玉といえる施策。時限的なものだが、新政権は、2012年度以降も引き続き、介護職員の処遇改善に取り組む方針を示す

◆ **処遇改善に関する定量的要件**
　例えば、勤務シフトの改善や教育研修の充実を一定額分以上行うこと。2010年10月サービス分以降は、実際に実施した内容およびそれに要した概算額の記載が求められる

◆ **「キャリアパス」要件**
　「介護職員についてどのようなポスト・仕事があり、そのポスト・仕事に就くために、どのような能力・資格・経験等が必要なのか」を定め「それに応じた給与水準」を定めること。2010年10月以降、新たに「介護職員処遇改善交付金」受給要件とされる

第3章

職員戦力化を実現する「人事管理育成トータルシステム」

第1節 「人事管理育成トータルシステム」の全体像

　一般的に、「人事管理制度」の整備のポイントには、賃金制度・昇進昇格制度・人事考課制度などが挙げられます。しかし、これまで本書では、「介護事業におけるマネジメントには、人材の質を向上させることによってサービスの質を高め、事業価値を増大させるという使命がある」ことを明らかにしてきました。

　したがって、介護事業に求められる職員管理制度は、単なる「人事管理のためのツール」ではありません。**職員育成制度と一体となって賃金や処遇に反映されるべきものです。**

　すでに多くの組織で採用されている「人事考課制度」や「目標管理制度」も、このような視点で運用できなければ、本来の意義は失われてしまいます。いま構築すべきは、「人事管理を通じた教育体系」や「人材育成の仕組み化」を実現するための「トータルな人事管理育成システム」なのです。

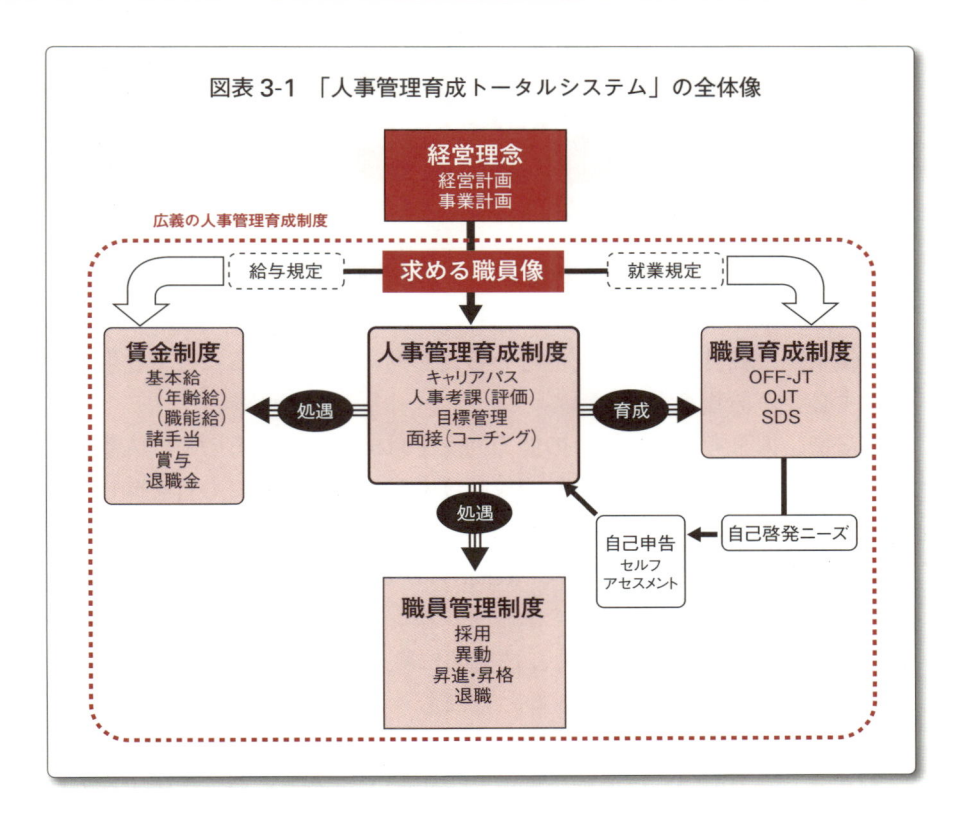

第3章 ◆ 職員戦力化を実現する「人事管理育成トータルシステム」

図表3-1 「人事管理育成トータルシステム」の全体像

広義の人事管理育成制度

経営理念
経営計画
事業計画

求める職員像

給与規定　　　就業規定

賃金制度
基本給
（年齢給）
（職能給）
諸手当
賞与
退職金

←処遇―

人事管理育成制度
キャリアパス
人事考課（評価）
目標管理
面接（コーチング）

―育成→

職員育成制度
OFF-JT
OJT
SDS

↓処遇

職員管理制度
採用
異動
昇進・昇格
退職

自己申告
セルフアセスメント

自己啓発ニーズ

41

第2節　人事考課構築のポイント

(1) 人事考課の意義

　人事考課は、人事管理システム全体の中で位置づけられるべきもので、当然、就業規則に明示され、職員全員に周知されるべきものです。また、その結果が、職員の賃金、配置といった処遇に反映されることも、明確に示す必要があります。

　さらに、人事考課は、職員の能力向上を目標としているので、人事管理育成システムに連動する職員育成制度や職員管理制度にも目を向ける必要があります。

　つまり、人事考課は、職員の職業生活にかかるあらゆる場面において、その意欲と能力の向上を図る、トータルなシステムのサブシステムに位置づけられるものです。単に、「技術的に職員の能力を評価し、点数の良し悪しを競い合う」、というものではありません。業務の内容を評価して、成果や能力などに応じた給与にすることで、**職員のモチベーションをあげ、能力の向上につなげる**というのが人事考課を導入する大切な目的です。

　次に、どのような考えをベースに、どのような点に留意することが大切か、を概観しておきます。

(2) 人事考課の3要素

　人事考課導入にあたって欠かせない要素が、3つあります。**「公平性」「透明性」「納得性」**です。

　これら3つの要素は、それぞれが相互に関係しあっています。公平性を確保するためには透明性が必要ですし、公平性と透明性のある人事考課制度であれば納得性も高まります。

　透明性といっても、人事考課の結果をすべてオープンにするということではありません。評価基準が明らかに示されていて、どのような結果

を出せばどのような評価となるかが明確になっている制度だということです。

「すべての職員が完全に納得する」人事考課を実現することは困難ですが、「誰かの主観によって密室で決められている」と職員が感じるようでは、逆効果です。評価基準がわかりやすく、評価結果に対しても的確な説明のできる制度になっている必要があります。

人事考課は、職員の考課対象期間中の勤務成績（達成度やプロセス）を評価し、それを直接賞与の配分に結びつけ、さらにその職員の能力を勘案して総合評価を行い、昇格や昇給に連動させるものです。

（3）人事考課の３つの評価スケール

人事考課は、目標に対する達成度やプロセスを基準に沿って評価するものです。評価基準は目標に対してレベルを判断するためにあるもので、評価結果のレベル差を明確にする必要があります。

しかし、いたずらに、行動の詳細さ、抽象的な取組みの姿勢や理想などを追い求めるものではありません。数値化したり、ＡＢＣなどに評点化したりするのは、レベル差を明らかにするための手段なのです。

評価のスケール（尺度）には、次の３種類があります。

①達成度（成果実績）評価

②プロセス評価

③コンピテンシー評価

これらを職位別に設定し、すべての職員に公開しなくてはなりません。

①達成度（成果実績）評価

達成度評価は、何をもって成果とするかをあらかじめ設定することが必要です。**どのようなことが達成されたら成果とするか**を明確にしておかなければ評価できないからです。

その意味で目標管理制度と連動するものです。期首に立てた目標を達成した場合には、実績として高く評価するということです。

この場合、必ずしも「すべての目標を数値で示す」必要はありませんが、達成度を見極められる表現でなくてはなりません。ですから、目標

を設定する際には「めざす」「努力する」「図る」といった曖昧な表現は避けなくてはいけません。「めざしたが達成できなかった」あるいは「努力したがうまくいかなかった」といったことが発生するからです。

②プロセス評価

プロセス評価は、達成すべき目標に対してどのようなプロセスをもって臨んだかを評価するというものです。「どんな手段を使ってでも目標を達成すればよい」というわけではありません。

いうまでもなく、達成に至るプロセスは、事業者の理念・ミッションや方針に適ったものでなければなりません。また、業務が安定的な仕組みとして継続性のあるものとなるためには、しかるべきプロセスを経る必要があります。職員の力や行動とは関係のない、何らかの運や偶然によって目標が達成できた場合は、業務プロセスの評価は決して高くないことは理解いただけるでしょう。

さらには、第1章でも見たように、「無形性」「同時性」「不可逆性」、そして「消滅性」(ストックしておくことが不可能) や「関係性」(顧客がサービスの生産過程に参加するため、顧客と提供者の相互作用、共同作業によって生み出される) といったサービス業固有の特性によって、介護事業においては、**達成度のみを評価のスケールとしてしまうと職員の健全な育成と将来的な事業の発展に結びつかない**という重大な要素も見過ごすことはできません。

③コンピテンシー評価

コンピテンシー(competency)とは、**特定の職務で高業績をあげ続けている人たちの行動を観察したとき、共通して確認できる特性で、高業績の要因となっている能力**をいいます。「職務の内容や仕事の役割に対して期待される成果を導く上での行動特性」と言い換えることができます。

そのためには、事業者にとって「必要な人材とは何か」「望ましい資質とは何か」、つまり「求める職員像」が、明らかにされていなくてはなりません。ここにも、「事業者が大切にしている価値や理念・ミッショ

ンや方針が明確でなければならない」理由があります。

コンピテンシー評価には、**職員の技術や知識・経験に基づいた、異なる能力に応じて評価をする必要がある**という大前提があります。かりに、新入職員とベテラン職員を同一の基準で評価することになれば、新入職員は高い評価がされにくいことになるからです。

レベルに応じた評価基準を設定することは、必須です。また、人事配置や職位との関係も考慮した評価基準にする必要があります。

（4）人事考課の実施にあたって

人事考課を公平なものに近づけようとすれば、同一人物を誰が評価しても同じような評価になるような制度が求められます。したがって、これまでに述べたスケールを用いて、明確な人事考課基準を設定し、それぞれの考課項目ごとに、各職員の考課期間中の勤務成績を評価することになります。

人事考課を実施するにあたってのフローチャートを掲げておきます（図表3-2）。

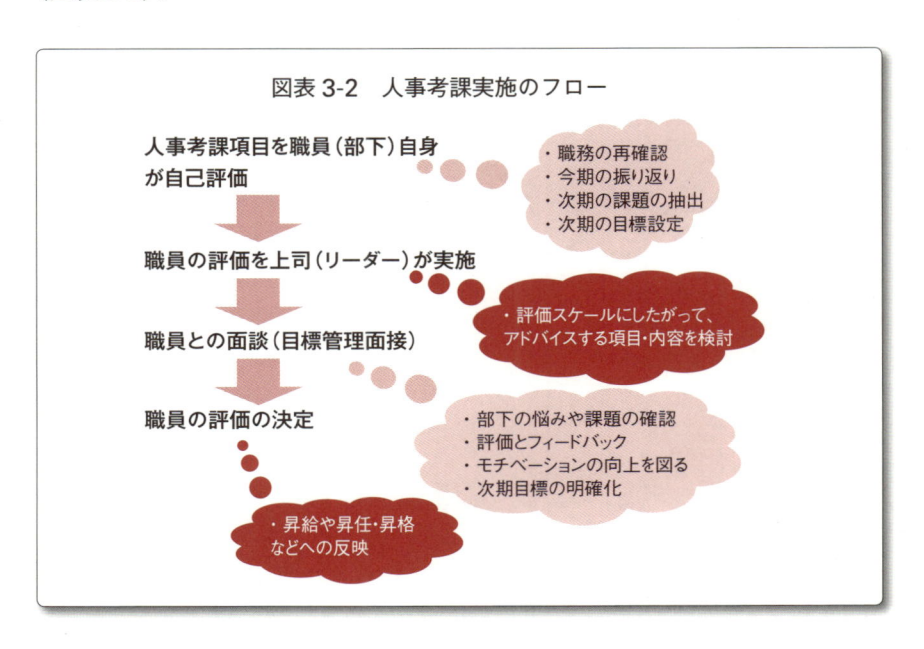

図表3-2　人事考課実施のフロー

人事考課項目を職員（部下）自身が自己評価
- 職務の再確認
- 今期の振り返り
- 次期の課題の抽出
- 次期の目標設定

↓

職員の評価を上司（リーダー）が実施
- 評価スケールにしたがって、アドバイスする項目・内容を検討

↓

職員との面談（目標管理面接）

↓

職員の評価の決定
- 部下の悩みや課題の確認
- 評価とフィードバック
- モチベーションの向上を図る
- 次期目標の明確化

- 昇給や昇任・昇格などへの反映

第3節　キャリアパス

（1）キャリアパスとは

キャリアパス（career path）とは、字義のとおり、"career"（経歴、職歴）の"path"（道筋、経路）のことで、「仕事の経験を積みながら、能力・地位を高くする順序や、そのための一連の職場や職種」ないしは「能力・地位を高めるために、職場を異動する経歴」のことをいいます。

組織がキャリアパスを示すことの意義には、次のような点があります。

① 組織の構成員が、中長期的にどのようなスキルや専門性を身につけていくべきかが理解できる
② 自己のめざすべき道を自身で考察する材料にもなり、自己啓発意識の醸成やモチベーションアップを促す
③ ある職務につくために必要な能力や経験の基準が明示されるため、人事の公正性が担保できる

このキャリアパスについては、第2章第4節でも述べたように、**2010年10月以降の「介護職員処遇改善交付金」の受給要件とされました。**

これまでも国は、雇用難・人材不足が深刻化するに伴い、介護職員のキャリアパスに関して、さまざまな指摘を行ってきました（図表3-3参照）。

図表 3-3　キャリアパスに関する国の考え方

○「社会福祉事業に従事する者の確保を図るための措置に関する基本的な指針」（2007年厚生労働省告示第289号）

第2　人材確保の基本的考え方
　福祉・介護サービス分野において、将来にわたって安定的に人材を確保していくためには、例えば、主に若年期に入職して正規雇用で長期間にわたり就労する者、ライフスタイルに対応した多様な雇用形態で就労を希望する者など、様々な就労形態の従事者がいることなどを念頭に置きつつ、人材を確保していくために必要な対策を重層的に講じていくことが必要である。

第3　人材確保の方策
1　労働環境の整備の推進等
(1)　労働環境の改善
①給与等
　キャリアと能力に見合う給与体系の構築等を図るとともに、他の分野における労働者の給与水準、地域の給与水準等も踏まえ、適切な給与水準を確保すること。（経営者、関係団体等）
(2)　新たな経営モデルの構築
　管理者等が労働環境の改善やキャリアアップの仕組みの構築等の取組の重要性を十分認識すること等を通じて、質の高い人材を確保し、質の高いサービスを提供するための組織体制を確立すること。（経営者、関係団体等）
2　キャリアアップの仕組みの構築
①質の高い介護福祉士や社会福祉士、保育士等を確保する観点から、資格制度の充実を図り、その周知を行うこと。また、有資格者等のキャリアを考慮した施設長や生活相談員等の資格要件の見直し

や社会福祉主事から社会福祉士へのキャリアアップの仕組みなど、福祉・介護サービス分野における従事者のキャリアパスを構築すること。(経営者、関係団体等、国、地方公共団体)
②福祉・介護サービス分野におけるキャリアパスに対応した生涯を通じた研修体系の構築を図るとともに、施設長や従事者に対する研修等の充実を図ること。(経営者、職能団体その他の関係団体等、国、地方公共団体)
③従事者のキャリアアップを支援する観点から、働きながら介護福祉士、社会福祉士等の国家資格等を取得できるよう配慮するとともに、従事者の自己研鑽が図られるよう、業務の中で必要な知識・技術を習得できる体制(OJT)や、職場内や外部の研修の受講機会等(OFF-JT)の確保に努めること。(経営者、関係団体等)

○「介護労働者の確保・定着に関する研究会(中間取りまとめ)」
(2008年7月厚生労働省職業安定局)

第2 今後の介護労働対策の方向性
2．介護労働者の定着・育成に向けた雇用管理改善
　～雇用管理改善を通じて、魅力ある仕事として評価、選択されるための対策～
(2) 介護労働者の処遇改善とキャリア管理の促進
　賃金については、労使間の話合いで決定されるべき事項ではあるが、介護事業主にとって安定的に人材の確保・定着を図り、その能力を高めつつ、介護労働者にとって意欲と誇りを持って働き続けることができるようにするためには、仕事や能力、資格及び経験に見合う賃金制度及びキャリアパスの構築を図り、地域や他の分野における労働者の賃金水準等を踏まえ、適切な賃金水準が確保されることが望ましい。

さらに、個々の介護労働者の賃金の決定に当たっては、的確な人事評価や職務に応じた処遇等を基に個々の介護労働者のキャリア管理を行っていくことがやりがいや誇りにつながり、「将来に展望を持

介護労働者の定着・育成に向けた雇用管理改善

雇用管理の必要性・重要性

　事業主に対する雇用管理についての普及啓発、事業主や施設長、サービス提供責任者等現場管理者や管理職に対する雇用管理等の研修の実施等、各種支援体制の強化。介護労働者に対する労働関係法令等の理解・普及の促進。また、事業主団体等を通じた中小規模の事業所の雇用管理改善の取組の促進、事務効率化の推進。

処遇改善とキャリア管理の促進

　介護労働者の能力開発の促進とともに、仕事や能力、資格及び経験に見合う賃金制度の構築。また、能力開発制度の必要性、能力の伸長、個々の介護労働者の賃金、キャリア管理に反映させていく必要性について、事業主団体等の講習会を活用して啓発。

安心・安全・働きやすい労働環境の整備

　様々な精神的・身体的・事務的業務負担の解消のため、安心・安全・働きやすい労働環境の整備が重要。具体的には、健康診断の徹底や腰痛対策の他、感染症対策やメンタルヘルス対策の推進。
　腰痛対策に関しては介護補助器具等の積極的活用を図るための助成や腰痛予防の講習、腰痛発症者に対しての支援等の推進。
　精神的負担に対しては相談体制の整備・充実やメンタルヘルス対策等の促進。
　介護労働者の定着には、コミュニケーションの充実が重要。
　事務的業務等の簡素化・合理化、多様な就業形態に応じた介護労働者が働きやすい環境の整備。
　特に女性の割合が高いことから、育児休業・介護休業の取得等女性が働き続けやすい職場にしていくことが必要。

てる」意欲となり、介護労働者の定着に結びつくものと考えられる。

(ヒアリング等における指摘事項)
・介護労働者の立場からみると、仕事に対するやりがいを感じているものの、将来、家族を養っていくことができないといった賃金水準そのものの問題の他に、やりがいを持って取り組んでいるが、何年も賃金が上昇しないなど、自らの仕事ぶりが賃金へ反映されないことによる不満等により、自らの仕事への意欲及びやりがいを喪失することによる離職も少なからずあるとの指摘がなされた。
・賃金の問題は介護労働者の確保・定着にとって重要であるが、賃金が同じでも定着しているところもあることから、賃金に加えて、雇用管理のあり方も重要ではないかとの指摘がなされた。具体的には、個々の介護労働者の日々の仕事ぶりをグループ長や施設長等の管理職が正しく評価し、賃金またはキャリア管理において反映していくことが重要であるが、仮にそれができなくても日々のコミュニケーションにおいて、個々の介護労働者の仕事ぶりを正しく評価していることを示すことも必要であるとの指摘もなされた。
・キャリア管理は重要であるが、小規模事業所では役職等の数が限られていること、介護労働者の中には管理職になるよりも現場で常に利用者と接し、介護サービスを提供していたい者もいることから、「一般の介護労働者→職場リーダー→施設長、ホームヘルパー→サービス提供責任者→管理者」といった画一的なキャリアパスの確立に限らず、本人の希望・適性に応じて評価し、キャリア管理を行うとともに、介護労働者への具体的なキャリアアップの仕組みを確保していくことが意欲ややりがいを保持していく上で重要であるとの指摘があった。

○「介護雇用管理改善等計画」

(2009年厚生労働省告示第400号)

第3　計画の目標
1　介護労働者の雇用管理改善の推進について
(3) キャリア管理の推進
　個々の事業所において、就労ニーズに対応した多様なキャリアパスの構築のために評価基準を策定し、人事諸制度との関連付けを行い、労働者の配置・処遇に結びつけることを促進する。

図表3-4　福祉・介護サービス従事者の実践能力段階

段階	各段階に求められる能力
第5段階	自身の施設・事業所のサービスをモニタリングし、運営統括責任者として、組織運営を調整し、自組織を改善・向上させることができる。
第4段階	①常に最新・高度な技術により、当該分野のエキスパートとして、後輩に対してのモデルとなる。②施設・事業所等の運営・経営環境を理解し、他部門や地域の関係機関と連携・実践する。③教育指導者として教育研修プログラムを開発・実施・評価する。
第3段階	高度な倫理観をもち、自身の仕事を分析的にみることができ、改善できる。研究活動・学会発表などにも取り組む。チームのリーダーとして後輩等に対し指導・育成等を行うなど役割を果たし、上位者を支援することができる。
第2段階	担当する業務において、一人で(指示なしで)行うことができる。自己啓発に取り組み、自身の課題を解決できる。チームの中での自分の役割を見出し、行動することができる。新任職員に対し、助言・指導ができる。
第1段階	福祉の基本的な理念や法令等を理解し、指導・教育を受けながら、基本的な実践を安全に行うことができる。法人・施設・事業所等の理念を理解するとともに、社会人としてのルール・マナー等を理解・実践する。

出典：「社会福祉事業に従事する者(資格職)のキャリアパスに対応した生涯研修体系構築検討委員会報告書」社会福祉法人全国社会福祉協議会(2009年3月)

(2) 介護事業におけるキャリアパスの現状

このような指摘を受け、多くの介護事業の業界団体が、キャリアパスの構築に向け研究を行い、報告書やガイドラインをまとめています。

●全国社会福祉施設経営者協議会（経営協）モデル

2009年12月に、「全国社会福祉施設経営者協議会（経営協）介護保険事業経営委員会」が、「キャリアパスガイドライン（仮称）（中間報告）」を発表しました。同報告では、キャリアパス要件を満たすために踏む手順を、次の9段階に分類しています。

①キャリアパス要件を満たす人事制度構築の経営者による意思決定
②全職員へ方針の周知
③法人内部において、構築する制度の内容の検討
・経営陣、幹部職員等により、どのような制度とするかを検討する（職員からの意見徴収を含む）。
・制度の内容については、段階的に設計することも考えられる。
・外部専門家（経営コンサルタント、コンサルタント会社等）の活用も考えられる。
④全職員への周知
⑤就業規則、賃金規程、その他関連する規程類の改正案の作成作業
・③の内容に応じて、諸規程類の改正案を作成する。
⑥評議員会への諮問
・評議員会を設置している場合は、評議員会に諮問し、意見を聴く。
⑦理事会での議決
⑧全職員への周知
⑨来年度分の介護職員処遇改善交付金の申請

キャリアパスの様式（特別養護老人ホームの記載例）は、図表3-6（P.54参照）のとおりです。

この「経営協モデル」の特徴は、**介護職の基礎的な資格として、「介護福祉士」を想定している**ことです。これは、社会福祉法人全国社会福

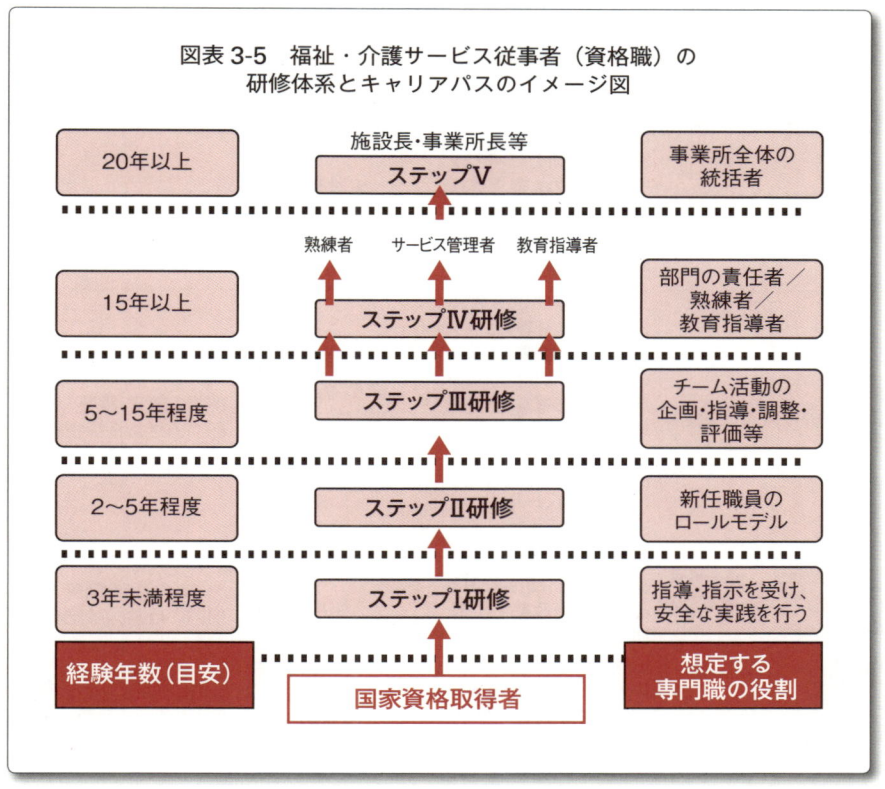

図表3-5 福祉・介護サービス従事者（資格職）の研修体系とキャリアパスのイメージ図

経験年数（目安）	研修	想定する専門職の役割
20年以上	施設長・事業所長等 ステップV	事業所全体の統括者
15年以上	ステップIV研修（熟練者／サービス管理者／教育指導者）	部門の責任者／熟練者／教育指導者
5～15年程度	ステップIII研修	チーム活動の企画・指導・調整・評価等
2～5年程度	ステップII研修	新任職員のロールモデル
3年未満程度	ステップI研修	指導・指示を受け、安全な実践を行う
	国家資格取得者	

出典：「社会福祉事業に従事する者（資格職）のキャリアパスに対応した生涯研修体系構築検討委員会報告書」社会福祉法人全国社会福祉協議会（2009年3月）

祉協議会（全社協）の「介護サービス従事者の研修体系のあり方に関する研究会」が、そのベースとなっているためです。

　この研究会は、「介護職員の能力向上策の方向性」として、「無資格、資格取得が容易なヘルパー2級で就業可能となっていることが、介護職員の能力格差を生み、専門的な職業としての確立を困難にしている。国家資格である介護福祉士を標準任用資格とすることが必要」（「介護サービス従事者の研修体系のあり方に関する研究会　第二次中間まとめ」2005年9月）という基本認識からスタートしています。

図表 3-6　キャリアパスの記載例（特別養護老人ホーム）

順位	役割	求められる能力	対応役職	業務 a) 定型業務
経営職	経営幹部であり、最終的な経営責任を負う	施設・事務所のサービスをモニタリングし、運営統括責任者として、組織運営を調整し、自組織を改善・向上させることができる。	施設長 部長 事務長	施設の経営資源把握と調整
管理職	部門の運営責任を負う	①常に最新・高度な技術により、当該分野のエキスパートとして後輩に対してのモデルとなる。②施設・事業所等の運営・経営環境を理解し、他部門や地域の関係機関と連携・実践する。③教育指導者として教育研修プログラムを開発・実施・評価する。	課長（係長） フロアリーダー ステーション責任者	部門の管理・調整 部門の経営指標把握
監督職	チームやユニットを管理・運営している。部下指導をしている。	高度な倫理観をもち、自身の仕事を分析的にみることができ、改善できる。研究活動・学会発表などにも取り組む。チームのリーダーとして後輩等に対し指導育成等を行うなど役割を果たし、上位者を支援することができる。	主任	チームの管理・調整 部門の経営指標把握
一般職（基本業務）上級	難解な業務をこなしている		一般職 嘱託	（中級業務に加えて）勤怠に関する業務 サービス品質管理
一般職（基本業務）中級	通常業務に加え、後輩の指導をしている	担当する業務において一人で（指示なしで）行うことができる。自己啓発に取り組み、自身の課題を解決できる。チームの中での自分の役割を見出し、行動することができる。新任職員に対し、助言・指導ができる。		（初級業務に加えて）入所・退所の対応 ショートステイ業務
一般職（基本業務）初級	介護の通常業務をしている	福祉の基本的な理念や法令等を理解し、指導・教育を受けながら、基本的な実践を安全に行うことができる。法人・施設・事務所等の理念を理解するとともに、社会人としてのルール・マナー等を理解・実践する。		基本介護 健康管理 日常活動援助 報告・連絡・観察・記録 会議・委員会参加 外部研修参加
補助業務	他者の補助をしている		パート	基本介護の補助 健康管理の補助 日常活動援助 行事等の補佐 会議・委員会参加 報告・連絡・観察・記録

第3章 職員戦力化を実現する「人事管理育成トータルシステム」

	習熟に必要な業務教育	必要経験年数	給与年収(円)	備考
b) 非定型業務				
戦略の策定 方針の明示・浸透 施設計画の進捗管理 管理職育成 地域・他組織との連携 計数管理	(管理職の研修に加えて) 戦略策定研修 戦略・方針実践研修 経営指標管理研修	○～○	～	
監督職育成 業務内容検証・改善 地域・他組織との連携 計数管理	(監督職の研修に加えて) 業務管理研修 地域連携研修	○～○	～	
部下指導育成 リスクマネジメント 緊急対応 欠員時のサポート	部下指導育成研修 リスクマネジメント研修 経営指標管理研修	○～○	～	
(中級業務に加えて) 家族対応 地域との連携・協力業務	(中級の研修に加えて) 労務研修 サービス品質管理研修	○～○	～	
(初級業務に加えて) 防火・防災業務 後輩指導 サービスの業務改善	(初級業務に加えて) 後輩指導研修 業務改善研修	○～○	～	
個別援助の計画・実施	(補助の研修に加えて) チームケア研修 リハビリテーション研修 認知症高齢者ケア研修 報告・連絡・相談研修 個別支援計画研修	○～○	～	
	接遇研修 基礎業務研修	○～○	～	

1)職位…同一組織内におけるキャリアパスとして、経営職から一般職まで4職、7段階の職位を例示した。組織の大小に関わらずよく使われる段階である。

2)役割…各職位の役割を示す。本ガイドラインでは比較的大きな括り方をしているため、本来対応役職に応じて分けられることについてもまとめて記載している。
(例えば、経営の最終責任は法的には理事長及び理事が負うものであるが、業務執行上の責任は現場責任者である施設長等が担っているという実態があるなど。)

3)求められる能力…役割を果たすための能力について、「介護」の視点でのみ記載している。(「福祉・介護サービス分野(資格職)のキャリアパスに対応した研修体系モデル」2009年3月全国社会福祉協議会を引用(図表3-4・3-5参照。)

4)対応役職…各職位に対応する一般的な役職を設定している。

※ 例示の経営職に理事長及び理事を記載していないのは、キャリアパスの流れのなかで就く職ではないためである。

5)業務…a)定型業務とb)非定型業務に分類した。上位の職位ほど、a)の割合が減り、b)の量が増える。
a)定型業務…ルーチン的な毎回規則的に反復する業務を指す。
b)非定型業務…反復性が少なく、その場その場で判断が必要な業務を指す。

6)習熟に必要な業務教育…習熟に必要な業務教育を指す。
例示では、仮の研修名を挙げた。今後、委員会において、制度に位置づけられた研修、業界で自主的に行われている研修の実情をふまえ、更に整理する予定。

7)必要経験年数…各キャリア段階に到達するための必要な年数を記載する。
今後、委員会において標準的な年数について検討するが、あくまでも参考数値であり、法人の判断で設定するものである。

8)給与(年収)…今後、委員会において、地域性、規模、職員配置などを勘案し、標準的な額について検討するが、あくまでも参考数値であり、個々の法人の判断で設定するものである。

出典:「キャリアパスガイドライン(仮称)中間報告」全国社会福祉施設経営者協議会(2009年12月)

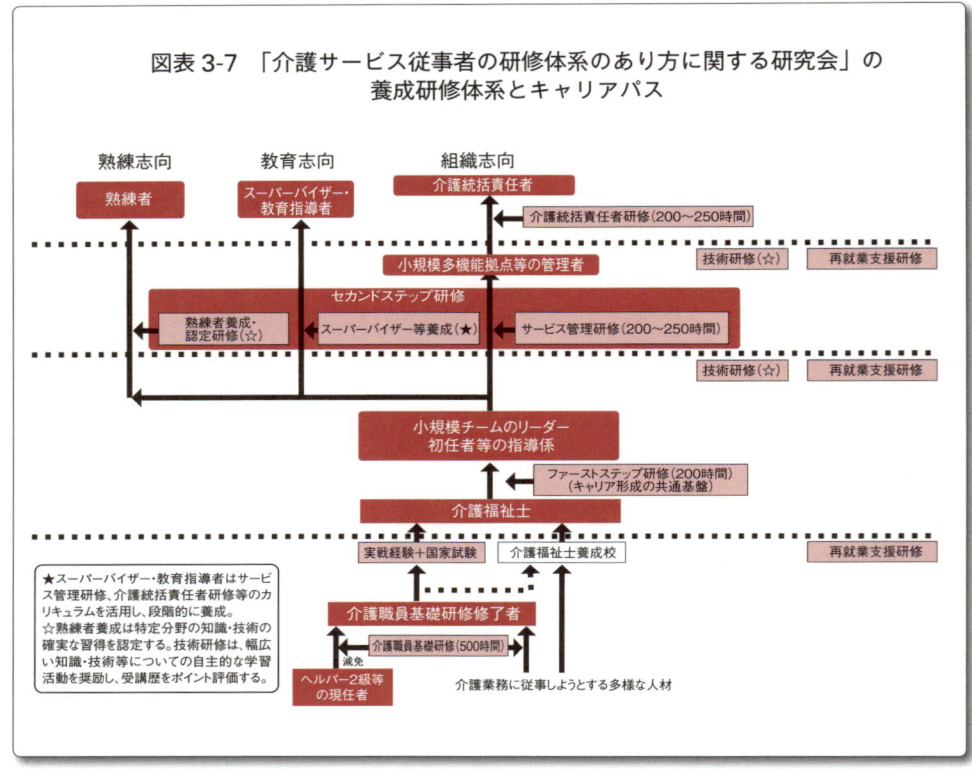

図表3-7 「介護サービス従事者の研修体系のあり方に関する研究会」の養成研修体系とキャリアパス

出典：「介護サービス従事者の研修体系のあり方に関する研究会 最終報告書『介護サービス従事者の研修体系のあり方について～キャリア開発支援システムの研修カリキュラムについて』」社会福祉法人全国社会福祉協議会（2006年3月）

●全国老人保健施設協会（全老健）モデル

　財団法人介護労働安定センターが2008年度に実施した「介護分野における雇用管理モデル共同事業」において、社団法人全国老人保健施設協会（全老健）がまとめた「実践型人材養成システム普及のための地域モデル事業報告書」（2009年2月）が示す「キャリアアップのモデル」は、図表3-8・3-9のようになっています。

　この「全老健モデル」は、「昨今の人材確保難の実態を踏まえ、介護福祉士等の養成校出身者だけでなく他業界から参入するなどして、**介護の仕事を初めて経験する人を想定し、その育成を図ることを目的**」とし

図表3-8 キャリアアップシステムのモデル例（介護老人保健施設）

マネジメント志向
- 施設経営職
  - ・管理者（職）研修会
  - ・介護老人保健施設経営セミナー
  - ・認知症介護指導者養成研修

監督・指導志向
- 施設運営管理・監督職
  - ・管理者（職）研修会
  - ・介護老人保健施設リスクマネジャー養成講座

専門志向
- 専門介護職
  - ・ユニットリーダー研修
  - ・介護福祉士養成実習施設実習指導者特別研修会
  - ・施設内感染症防止対策指導者養成研修会
  - ・認知症対応型サービス事業管理者研修

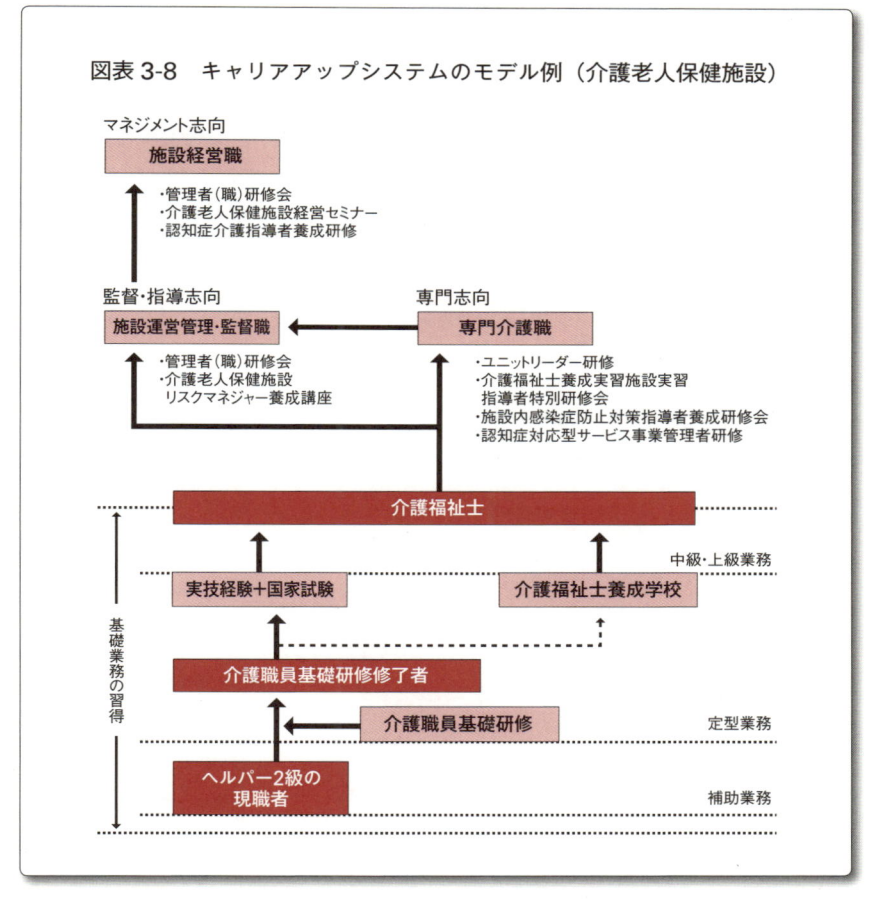

- 介護福祉士 ← 中級・上級業務
  - 実技経験＋国家試験
  - 介護福祉士養成学校
- 介護職員基礎研修修了者 ← 定型業務
  - 介護職員基礎研修
- ヘルパー2級の現職者 ← 補助業務

（基礎業務の習得）

出典：「介護職員キャリアアップシステム導入マニュアル」財団法人介護労働安定センター・社団法人全国老人保健施設協会（2009年2月）

ています。そのため、先の経営協モデルとは異なり、「新人職員の当面のキャリアアップの目標として、3年の実務経験を経た後に介護福祉士の資格を取得することをめざしたモデル」となっています。

また、在宅サービスについては、これも2008年度に、財団法人介護労働安定センターが「介護分野における雇用管理モデル共同事業」において、株式会社やさしい手と株式会社やさしい手甲府との共同事業で実

図表 3-9　介護職員キャリアアップモデル例（老人保健施設）

職業	職能基準				人事制度
	等級	業務	能力	資格・免許	役職名称
管理職	9	施設経営	①戦略的な経営計画の企画・立案・推進 ②組織運営管理 ③経営層のサポート危機管理能力 ④プロジェクト管理能力	①利用者の医学的管理 ②チームケアの統括管理 ・医師 ・都道府県知事の許可	施設長（管理者）
管理職	8	管理業務		施設長を補佐するに相当すると評価する資格または経験 ・職業能力開発推進者 ・雇用管理責任者 ・主任介護支援専門員	副施設長 事務長
監督・指導職	7	施設運営管理業務	①事業計画策定への提言能力　②危機管理能力 ③部下の育成能力　④プロジェクト管理能力 ⑤統率力（士気高揚） ⑥職場の維持管理・人間関係まで含めた総合的な労務管理において、適切な判断・対応がとれる	・介護支援専門員 ・ユニットリーダー ・施設内感染症防止対策指導者 ・介護福祉士養成実習施設実習指導者	科（課）長
監督・指導職	6	監督業務	①監督力　②事業計画策定への提言 ③上級者不在時の災害発生時に指揮をとることができる ④潜在的な問題について、予知・判断しながら問題提起することができる		副科（課）長
監督・指導職	5	業務指導	①指導力　②労務管理の手続き等の基礎知識があり、一応の判断・対応がとれる ③達成がかなり困難な課題について、上司の指示によりグループをまとめ問題解決にあたることができる		主任
業務職	4	上級業務	①業務に関する経験をもとに、複雑な判断を要する業務を遂行できる ②標準的な課題について、上司の指示によりグループをまとめ問題解決にあたることができる ③下級者の指導を責任者として行うことができる	左記に相当すると評価する他の資格・免許 ・介護福祉士 ・ガイドヘルパー ・精神障害者ホームヘルパー ・難病患者等ホームヘルパー	1級職員
業務職	3	中級業務	①実務に関する比較的高度な知識および比較的高度な経験をもとに、応用的判断を要する業務を遂行できる ②問題解決法を身につけ、業務の改善や問題解決を実践できる ③下級者に自己の経験を生かし指導できる		2級職員
業務職	2	定型業務	①社会人・組織人・介護職員として自己を確立する ②通常の業務に精通し、日常の定型業務を独立して遂行できる ③下級者に自己の経験を生かしアドバイスできる	・ヘルパー1級 ・介護職員基礎研修	3級職員
業務職	1	補助業務	①社会人・組織人・介護職員として基本的なスタンスを確立する ②実務に関する基本的知識をもとに、一般的な判断を要する定型的または補助的業務を遂行できる ③対人援助技術の基本を身につける	・ヘルパー2級	4級職員

出典：「介護職員キャリアアップシステム導入マニュアル」財団法人介護労働安定センター・社団法人全国老人保健施設協会（2009年2月）

第3章 職員戦力化を実現する「人事管理育成トータルシステム」

賃金制度		人材育成制度		人事考課制度		
基本給 職能給		施設外での研修	施設内での研修	昇給昇格 賞与と考課	在級年数（基準）	評価の方法
↑施設長↓		エキスパート研修：管理者（職）研修会／介護老人保健施設経営セミナー／認知症介護指導者養成研修	自己啓発	業務評価		推薦 人事考課 論文・面接
↑事務長↓ ↑科（課）長↓		エキスパート研修：管理者（職）研修会／介護老人保健施設リスクマネジャー養成講座	目標管理活動	能力評価 勤務成績評価（貢献度）	5年 5年	推薦 人事考課 論文・面接
↑副科（課）長↓ ↑副主任		エキスパート研修：施設内感染症防止対策指導者養成研修会／ユニットリーダー研修／介護福祉士養成実習施設実習指導者特別研修会／認知症対応型サービス事業管理者研修	目標管理活動 ●年間教育計画のフォローアップを行う ●年内教育計画を立て、実施を行う ●介護福祉資格取得 ●認知症ケア専門士試験	能力評価 勤務成績評価（貢献度）	5年 3年	人事考課
		ボトムアップ研修：実地研修Bコース（専門実技修得コース）／中堅職員研修会／安全推進セミナー／介護老人保健施設ガイドヘルパー養成研修／精神障害者等ホームヘルパー養成研修／難病患者等ホームヘルパー養成研修／認知症介護実践リーダー研修				
		チームケア研修：実地研修Aコース（基礎実技修得コース）／リハビリテーション研修会／認知症高齢者ケア研修会／ケアマネジメント実践講座／高齢者ケアプラン策定実践講座／摂食・嚥下・栄養／リハビリテーション／現場での認知症のケア／認知症介護実践研修	チャレンジ活動 ●年内教育計画を立て、実施を行う ・各疾患の理解および緊急時対応 ・ケアプラン作成 ・認知症の理解 ・チームケア ・トランスファー ●採用時研修 ・業務マニュアルによるケアの基礎知識 ・服務規律 ・接遇研修 ・個人情報保護法 ●プリセプターシップ*		2年	
		ボトムアップ研修：職員基礎研修会／安全セミナー（基礎研修）／介護老人保健施設			1年	

*プリセプターシップ：ある期間、新入職員1人に担当の先輩職員（プリセプター）が1人つき、仕事の教育・指導を行なう新人教育制度

施した「指定訪問介護サービスにおけるサービス提供責任者の役割意識と職務スキルの開発」が示されています。

　図表3-10は、勤続年数によって求められるスキルを表したものです。新卒者と中途採用者（おおむね2年程度の介護経験者を想定）によって、若干スピード感が異なっています。昇給や昇格は、人事考課にしたがって実施されます。図表3-11の報酬制度、年収のイメージは、このような職位と賃金の体系図や人事制度をオープンにし、職員のモチベーションアップやキャリア形成への道筋を示すことが必要であるという前提で構築されたものです。

　このように、キャリアパスの意義と重要性は、多くの事業者団体に浸透し、研究も進んでいます。しかし、今のところその対象の多くが、大規模施設（事業者）であるため、介護事業者の多くを占める小規模事業者にとっては、参考にはなっても、なかなか導入のモデルとはなりづらいのが現状です。

図表3-10　キャリアアップ計画例（訪問介護）

新入社員人材育成計画

年数	業務内容
6年	①ケアマネジャー業務 ②現場マネジャー業務
5年	現場マネジャー候補
4年	サービス提供責任者リーダー業務 【サービス提供責任者リーダー】
3年	サービス提供責任者業務 【サービス提供責任者】
2年	①次期現場リーダー業務 ②介護現場技術向上経験
1年	介護現場の経験

中途社員人材育成計画

6年	現場マネジャー
5年	①ケアマネジャー業務 ②現場マネジャー業務
4年	ケアマネジャー業務 （実務5年）
3年	サービス提供責任者リーダー業務 【サービス提供責任者リーダー】
2年	①介護現場リーダー業務 ②介護現場技術向上経験 ③サービス提供責任者業務 【サービス提供責任者】
1年	①介護現場の経験 ②サービス提供責任者業務 【サービス提供責任者】

出典：「指定訪問介護サービスにおけるサービス提供責任者の役割意識と職務スキルの開発」財団法人介護労働安定センター ・株式会社やさしい手・株式会社やさしい手甲府（2009年2月）

図表 3-11　年収のイメージ（訪問介護）

現任役職	年収のイメージ
部責任者（上級）	750 ～ 850
部責任者（一般）	650 ～ 750
エリアマネージャー（上級）	450 ～ 650
エリアマネージャー（一般）	450 ～ 650
リーダー（管理者）	320 ～ 420
リーダー（補佐）	320 ～ 420
上級サービス提供責任者	280 ～ 320
中堅サービス提供責任者	280 ～ 320
一般サービス提供責任者	250 ～ 300
常勤訪問介護員	230 ～ 280

出典：「指定訪問介護サービスにおけるサービス提供責任者の役割意識と職務スキルの開発」財団法人介護労働安定センター・株式会社やさしい手・株式会社やさしい手甲府（2009年2月）

第4節　目標管理

（1）目標管理とは

「目標管理」（management by objectives through self control；MBO）とは、**目標を通じて、個々人がマネジメントを行い、目標を達成しようとする経営手法**のことです。

1950年代から60年代にかけて、アメリカの経営学者ピーター・ドラッカー（Peter Ferdinand Drucker）らが提唱したマネジメントの考え方で、もともとは、評価手法として生み出されたものではありません。正しくは、「目標による管理」ないしは「自己統制を通じた目標による管理」という訳語があてはまります。

本書では、目標管理を「人事管理育成トータルシステム」を構成する重要なサブシステムと位置づけ、「個々の職員に自らの業務目標を設定・申告させ、その進捗や実行状況を各人が自ら主体的に管理するマネジメント手法」という意味で使用します。具体的には、**あらかじめ評価者（上司）と被評価者（部下）との間で目標に関する合意を結び、それに対する達成度合いで、部下である職員を評価する手法**と考えてください。

（2）目標管理の目的と意義

目標管理は、「組織の目標（業績）の達成と、これを通じた理念・ミッションや方針の実現」を目的として、実施するものです。これは、「職員の個々の職能や能力を開発（教育・育成）を行うことによって、組織の目標は達成される」という考え方に基づいています。

また、目標管理には、**組織のめざす姿や理念（介護や職業に対する理念）と職員の想いを共有化する**という意義があります。さらに、効率や時間・費用を最大限に活用することによって、目標達成に向けて、より高い効果が期待できます（図表3-12参照）。

図 3-12　組織の理念と職員の想いの共有化

目標管理

組織のめざす姿
理念
ビジョン
方針

共有化

職員のめざす姿
職員個々の想い
個性
仕事への意欲

教育・育成

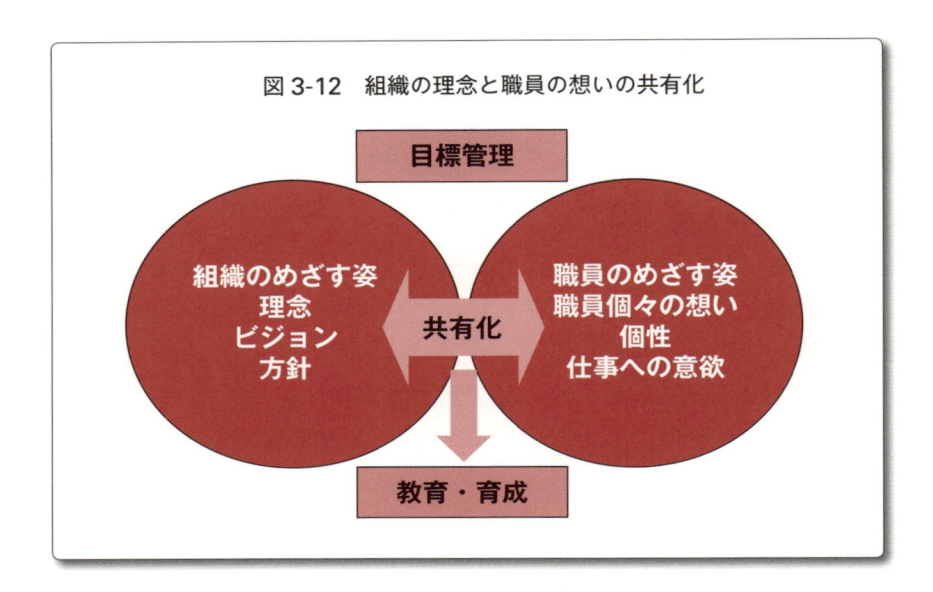

図 3-13　PDCA マネジメントサイクル

〔計画（アセスメント・立案）〕
・ビジョンの明確化　・現状の分析　・課題の提起
・目標の設定　・ゴールの設定　・計画の策定

plan

〔実行・実施〕
・毎日の活動
・プランの実行
・目標に対する達成状況のフォロー

do

面接（コーチングスキル）の活用

check

〔検証（点検・評価・検討）〕
・計画の実施状況を確認　・現状と目標との比較
・課題解決の検証　・成果実績（達成度）の検証

action

〔改善活動〕
・プロセスを振り返って反省点・問題点を抽出
・新たな課題の明確化
・フォローの必要性を検討

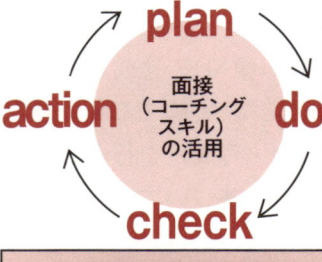

（3）目標管理のプロセス

　目標管理は、仕事の進め方の基本である、計画（Plan）・実行（Do）・検証（Check）・改善活動（Action）というPDCAマネジメントサイクルに、期初の目標設定、期末の達成度評価を重ね合わせ、これを循環させることにより運用します（図表3-13参照）。

（4）目標管理面接

　目標管理を適切に運用していくためには、面接それも**コーチングのスキルを活用して、部下の教育・育成を図る**という視点に立った「目標管理面接」が不可欠です。

　そのためには、以下のようなポイントを抑えておく必要があります（図表3-14参照）。

①事業所の目標・理念を理解した上で行われること
②各自のセクションの目標を理解し、達成に向けて、部下の職務分担をビジョン化して目標設定の分散を行うこと
③評価者（上司）・被評価者（部下）の立場や職務・役割が正確に認識できていること
④人事考課に関する理解が正確で、公平な評価が下せること
⑤評価者（上司）は被評価者（部下）の能力を引き出せる目標面接能力があること

（5）目標管理シート

　目標管理の運用にあたって、たいへん重要なツールが「目標管理シート」です。この目標管理シートには、目標・達成の方法が具体的に記載されていることが必要です。記載にあって、大切なポイントには、次のようなものがあります。

①達成可能な目標であること
②評価がしやすい目標であること
③現実的（実務的）な目標であること
④事業者の理念・ミッションや方針（今年度の目標など）が反映されていること

⑤達成までのスケジュール（期間やタイミング）が適切であること
⑥目標の優先順位が明確であること

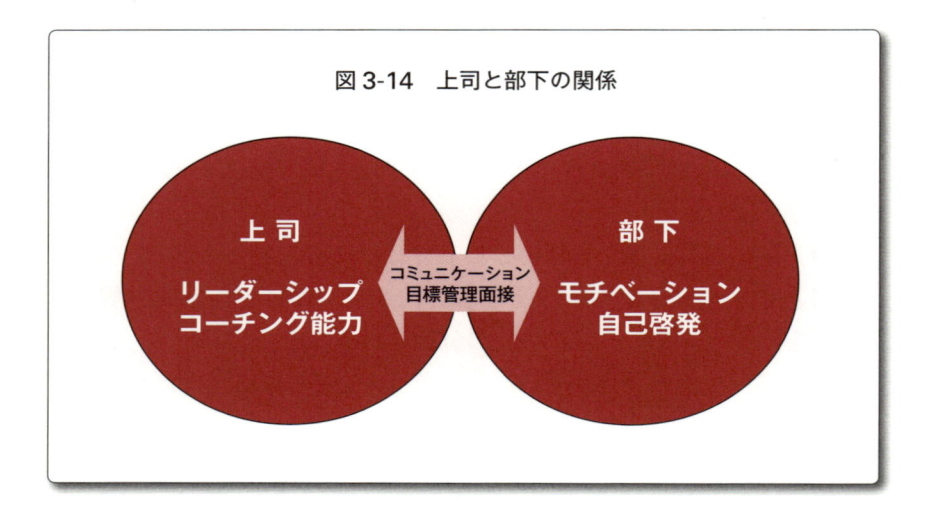

　参考までに、目標管理シートの様式（図表3-15）とその記載例（図表3-16）を掲げておきます。ただし、この記載例は、満足な内容ではありません。どの点に不備があるのか、考えてみてください。

図3-14　上司と部下の関係

上司
リーダーシップ
コーチング能力

コミュニケーション
目標管理面接

部下
モチベーション
自己啓発

第3章 ◆ 職員戦力化を実現する「人事管理育成トータルシステム」

図表3-15 目標管理シート様式例

2010年度 上半期 2010年4月~9月	所属	氏名	施設長	事務長	主任

所属部署の目標	事業所の求める課題

課題は何ですか?(不足している点)	課題の克服のためには、何をどうする必要がありますか?

この半年で行うこと (どんなことを、どれくらいまで)	行うための具体的な方法・手段	スケジュール (いつまで)	全体に占める割合	期末振り返り 達成度	期末振り返り 自己評価

コミュニケーション欄	計画段階	振り返り

図表3-16 目標管理シート記載例

2010年度 上半期 2010年4月~9月	所属	氏名	施設長	事務長	主任
記入日 2010年1月31日	介護部第3ユニット	○○ ○○			

所属部署の目標	事業所の求める課題
利用者の尊厳を重視し、自己決定を尊重する 一人ひとりの生活リズムを大切にする 利用者の視点に立ったサービスの推進 安心と安全に配慮したサービスの推進	利用者一人ひとりの考え方や価値観を把握する 提供者の都合ではなく利用者の意思を重視する 利用者の視点に立った記録の徹底 ヒヤリハット報告の徹底

課題は何ですか?(不足している点)	課題の克服のためには、何をどうする必要がありますか?
現場に職員が少なくて忙しいこと	職員を増やして、一人当たりの負担を軽減してもらいたい
介護記録の書き方が人によって違うこと	職員の不満をよく聞いて欲しい
認知症の利用者同士のトラブル	施設長はときどき現場に入って、実状がどういうことになっているかをよく把握してほしい
	私自身の介護技術をもっと向上しなければならない

この半年で行うこと (どんなことを、どれくらいまで)	行うための具体的な方法・手段	スケジュール (いつまで)	全体に占める割合	期末振り返り 達成度	期末振り返り 自己評価
介護技術の向上	介護技術を向上させる必要がある。特に入浴時の転倒については改善の余地がある	いつでも	25%		
認知症ケアの勉強	認知症の利用者増加で現場が混乱しているので、もっと勉強して認知症の専門家になりたい	9月までに本を読む	25%		
接遇マナーの向上	新人でも、接遇は大切なので、利用者に失礼のないようにしたい	毎日	25%		
パソコン技術の習得	何でもパソコンで処理するようになったので、パソコン技術を向上させたい	来年度まで	25%		

コミュニケーション欄	計画段階	振り返り

※黒字は、評価者(上司)が記入したもの。赤字は、被評価者(職員)が記入したもの

67

第3章のまとめ

◆ **人事管理育成トータルシステム**
　「人事管理を通じた教育体系」や「人材育成の仕組み化」を実現するための、トータルな人事管理育成システム

◆ **人事考課の3要素**
　①公平性
　②透明性
　③納得性

◆ **人事考課の3つの評価スケール**
　①達成度（成果実績）評価
　②プロセス評価
　③コンピテンシー評価

◆ **キャリアパスの意義**
　①組織の構成員が、中長期的にどのようなスキルや専門性を身につけていくべきかが理解できる
　②自己のめざすべき道を自身で考察する材料になり、自己啓発意識の醸成やモチベーションアップを促す
　③ある職務につくために必要な能力や経験の基準が明示されるため、人事の公正性が担保できる

◆ **目標管理**
　「職員の個々の職能や能力を開発（教育・育成）を行うことによって、組織の目標は達成される」という考え方に基づく。あらかじめ評価者（上司）と被評価者（部下）との間で目標に関する合意を結び、それに対する達成度合いで、部下である職員を評価する手法

第4章

職員戦力化のポイント

第 1 節 サービスの質向上に不可欠な能力とは

　人材育成を考えるときには、「事業者が目標とすることの実現に向けて職員にどれくらいの能力が必要か」、という視点を持つことが欠かせません。

　事業者が、「どのような方針のもとで、どのようなサービスを提供しようとしているか」、さらには「どのように質の向上を図ろうとしているか」、ということと深く関係しています。事業者の方針をふまえずに人材が育成されれば、個人プレーヤーの集団になってしまい、職員によって、サービスの質やレベルが異なってしまうことになります。

　均質なサービスレベルにするという意味ではなく、事業者が大切にしているサービスの考え方や方針を実現するために、人材一人ひとりの能力が充分に発揮できるようにする必要があるということです。人材一人ひとりの個性も、サービスには有効に活かされますが、その個性が方針と合致していないと、利用者は困惑してしまうことになりかねません。したがって、**組織がめざすサービスのあり方をもとに、必要とされる能力をわかりやすく明示する必要があります**。

　必要とされる能力には、次の3つの要素を盛り込むことが大切です。

　ひとつは**「姿勢」や「マインド」の要素**、2つめは**必要な技術レベル**、3つめは**身につけておくべき知識**です。これらの要素は、全職員に対して明示するものと、職位や職種別に明示されるものがあります。

　姿勢やマインドは、事業者が大切にしている理念をもとに、職員が身につけておくべき態度や行動の考え方が示されます。これが、第3章で述べた「コンピテンシー」にあたります。

　たとえば、理念として「利用者に寄り添うケア」をあげている事業者であれば、職員に対しても、人材育成に必要な要素として「思いやり」や「理解力」といったコンピテンシーを示す必要があります。思いやり

のある介護を実現するためには、職員に、相手を思いやったり相手を理解したりする心を育てなければならないということです。

さらに職位別にも、態度や行動の考え方は異なります。組織をまとめる役割を担う中堅層であれば、「リーダーシップ」や危機管理の考え方をもつために必要な「危機意識」などが求められますが、新入職員には、独り立ちするための「積極性」や「謙虚さ」が求められることになるでしょう。

必要な技術レベルや身につけておくべき知識については、職位と職種によって異なってきます。「食事介助をする」という行為を例に考えても、新入職員とベテラン職員とでは求められる技術レベルが異なります。最低限の食事提供のスキルから、さまざまな利用者像（身体状況や嗜好）に対しても臨機応変に対応できるスキルまで、大きな幅があります。

知識についても、基本的なマナーや社会人としての知識というレベルから、マネジメントの知識や法令・制度の知識まで、職位によって求められるものは異なってきます。また、介護職、看護職、リハ職、相談職、事務職など、それぞれ仕事の内容によって求められる技術や知識は異なりますから、個々の職種ごとに、求められる技術や知識を明示する必要があります。

このように、**事業者が求める人材を育成する際には、職員に身につけてもらいたい要素をこまかく分類して、わかりやすく示す必要があります**。明確な要素として示されれば、職員は自ら、どの部分が身についていて、どの部分が足りないかがわかり、目標も立てやすくなります。さらに、将来のキャリアを考える際にも、次のステップにいくにはどのような能力が求められるのかがわかるため、テーマ設定が容易になり、現場での意識も変わってきます。

参考までに、一般的に介護職員に求められることの多いコンピテンシーを、図表4-1に例示してみました。新入職員に対しては、これらの中から、入職当初に組織が求める要素を3つないし5つ程度示してみるのもよいでしょう。

たとえば、「素直さ」は、
① 相手の言葉を真剣に聞き入れる
② 「はい」「ありがとうございます」「申し訳ございませんでした」などの、気持ちのよい返事をする
③ わからないことがあれば質問をし、さらに自分の思いもしっかりと伝える
といった行動となって表現されます。

また、「思いやり」なら、
① 相手の立場に立って物事を考え、行動する
② 困っている人がいれば、直ちに声をかけたり、手を差し伸べたりする
③ 他人の行動に目を配り、常に自分にできることは何かを考えて行動する
などといった行動として表われることになるでしょう。

図表 4-1　職員に求められるコンピテンシー

素直さ	誠実さ	自制心	観察力
積極性	柔軟性	達成意欲	表現力
確実性	思いやり	感受性	着実性
親和性	チームワーク	倫理性	コミュニケーション力
自律性	協調性	目的思考	バランス感覚
責任感	迅速性	専門性	リスク意識
変化志向	チャレンジ性	創造性	率先垂範性
計画性	謙虚さ	共感性	清潔感
安定性	向上心	精神力	継続力
発想力	信頼性	ユーモア	プラス思考
理解力	コスト意識	貢献意欲	使命感
判断力	主体性	実行力	リーダーシップ

第2節　期待される役割を明確化するキャリアパス

　事業者の理念・ミッションや方針にそった人材を育成するためには、事業者が、個々の人材に期待する役割を設定する必要があります。職員一人ひとりが、自分の思いだけで勝手に自分のやるべき仕事を解釈してしまえば、事業者が方針や目標を達成することは難しくなるからです。**役割が決まれば、おのずと責任と権限が明らかになります。**

　事業者が期待する役割に対して、「どこまで果たすべき責任が生じるのか」、さらには「その責任を果たすために、どの程度、自分自身の個性や特徴を発揮してよいのか」、を示すことは、組織的な事業運営において、きわめて重要なポイントです。

　「どのポジションになれば、どのような役割を果たす必要があるのか」を、職位、職種別に明らかにしなければ、一人ひとりが自分に与えられた任務が分からず、事業者が組織的な成果をあげることは困難です。

　これを明示するのが、キャリアパスの大きな役割です。

第3節　マニュアルの重要性

（1）マニュアルの目的

マニュアルの目的は、「業務やサービスが人によって当たり外れのない形にすること」にあります。つまり、人に依存したモデルではなく、組織で支えるモデルにしていくということです。

職人技を他のメンバーも共有して、ほぼ同レベルの業務ができるようにするために、「職人技という目に見えないノウハウを形式化して、他のメンバーに伝達し具現化すること」がマニュアルの役割なのです。職人芸的なノウハウは、暗黙の技術や知識であって、他の人たちが簡単に真似をすることはできません。

この簡単に真似できない暗黙の技術や知識を、誰でもわかりやすい形式にする作業がマニュアル化です。言い換えれば、**暗黙知を形式知に変え、組織として、誰もが同じ業務をできるようにする**ということが、マニュアルの目的だといえます（図表4-2参照）。

図表4-2　暗黙知と形式知の対比

暗黙知	形式知
主観的な知（個人知）	客観的な知（組織知）
経験知（身体）	理性知（精神）
同時的な知（今ここにある知）	順序的な知（過去の知）
アナログ的な知（実務）	デジタル的な知（理論）

出典：『知識創造企業』野中郁次郎・竹内弘高（東洋経済新報社）

技術や知識が暗黙知のままでは、他人にとっては理解しにくく曖昧なものとしてしか認識できません。曖昧に認識された技術や知識によって

業務を行おうとしても、結果は人によって違った形となってしまいます。技術や知識を同じように表現しようとしても、人によってバラツキがあり、時と場合によって「できるとき」と「できないとき」が生じてしまいます。「曖昧なプロセスからは、曖昧な結果しか生まれない」ということです。

　曖昧なプロセスを確実なプロセスに換えるために、マニュアルは存在します。結果的に、「誰が業務やサービスを行っても、ある一定以上の質を確保することができるようにする」わけです。これが「標準化」ということです。

　決して、「スキルや経験の豊かな職員が、一般的な職員レベルにまでサービスの質を落とす」わけではありません。したがって、「平準化」という言い方には、違和感を覚えます。

（2）マニュアル化のためのフロー

　では、どのようにマニュアル化を図ればよいのでしょうか？

　マニュアル化するためには、「流れ」があります。まず行うことは、目に見えない暗黙知を目に見える形式知に換える作業として、職人技を**言語化する**ことです。

　曖昧なノウハウを、言語化して人に伝わる形にすることによって、他者が疑問に思うことや悩んでいることが明確になります。こうした疑問点を、さらに言語で表現し具体化していきます。

　次のステップは、言語化されたノウハウを時系列で並べて**フローを作る**ことです。「どのような流れで、業務やサービスを行うのか」をフローによってわかりやすくします。

　さらに、それぞれのフローの中で留意すべき点を、いくつかのポイントにわけます。

　ポイントのわけ方には、さまざまな方法がありますが、例えば、①考え方、②知識、③技術、④プロセス、という4つにわけて考えてみましょう。①「どのステップでどのような考え方が必要なのか」「使用する書類の目的はどういうものか」、

②「どういう知識がなければならないのか」、
③「駆使すべき技術は何か」を明らかにし、
④「プロセス」では、「協力すべき他のスタッフとの連携や指示連絡事項」を盛り込みます。

確認する必要のある書類や書式、データなどがあれば、このプロセスの中で表現します。

このようにポイントに従ってまとめることによって、職人技を構造化することができます。「流れの中で気をつけるべき考え方は何か」「必要な知識は何か」「技術的な問題点は何か」「プロセスとして押えておくべき点は何か」が、それぞれが明らかになります。

また、マニュアルが言語だけでつくられたものになってしまうと、読む作業が負担となってしまい、うまく活用されないことがあります。こういう場合には、ビジュアル化して読み手の理解を促進することも重要です。イラストや写真を使ったり図や表を使ったりして、言語だけでは伝わりにくいことを、目で見てわかりやすくします。

こうしてでき上がったマニュアルは、固定的なものではありません。使いやすくするためには、常にモニタリングが欠かせません。「使いやすいものになっているかどうか」「利用価値のあるものかどうか」という視点で、定期的にチェックを行い、必要に応じてマニュアルを改善していくという活動が不可欠です（図表4-3参照）

（3）マニュアルの弊害をどう克服するか

マニュアルは、サービスや業務にバラツキをなくし、人によって応対や受け答えが異なることを防ぐことには役立ちますが、現場の職員が、自分で工夫したり判断したりする力を奪ってしまう危険性を、あわせもっています。マニュアルに依存しているだけでは、現場で必要とされる臨機応変な対応力を養うことはできません。

したがって、マニュアルによる弊害も考えた上で活用しなければなりません。場合によっては、**マニュアルだけに頼らないマネジメント**も同時に考える必要があります。

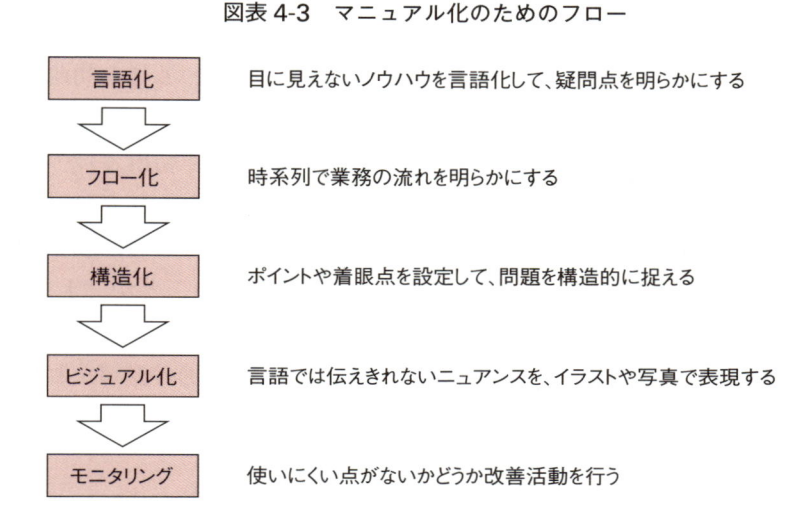

図表 4-3　マニュアル化のためのフロー

言語化	目に見えないノウハウを言語化して、疑問点を明らかにする
フロー化	時系列で業務の流れを明らかにする
構造化	ポイントや着眼点を設定して、問題を構造的に捉える
ビジュアル化	言語では伝えきれないニュアンスを、イラストや写真で表現する
モニタリング	使いにくい点がないかどうか改善活動を行う

「マニュアルだけに頼らないマネジメント」の基本は、言辞矛盾のように思われるかもしれませんが、実は「マニュアル」にあります。

業務には、完全にマニュアルにそう必要のある業務とマニュアルだけでは達成できない業務があります。がんじがらめのマニュアルでは、マニュアルに載っていない業務が生じた場合に、対応できなくなってしまいます。

基本的にはマニュアルにそった業務を行いながらも、マニュアル外の問題が生じたときにも、臨機応変に対応ができるようなマニュアルをつくる必要があります。

そのようなマニュアルは、どのようにつくればよいのでしょうか。

最も重要なポイントは、**「考え方」を明確に設定しておく**ということです。

具体的には、前項の「マニュアル化のためのフロー」で述べた「構造

化」のステップに盛り込む「考え方」に、マニュアルに載っていない問題が生じた場合にも対応できるような「考え方」を入れておくことです。「どこに着眼して」「どういうことに留意しながら」業務を行えばよいのか、といったことを「考え方」に入れ込んでおくと、多様な問題が生じた場合にも、対応が可能になります。

　例えば「日頃の利用者の小さなサインに着目する」「利用者のペースに合わせる」「信頼関係を維持する」といった考え方を入れておくことです。そうすれば、マニュアルにない事態が発生しても、流れ作業的な「いわゆるマニュアル的」なサービスに陥ることを回避することができます。

　事業者として、どのような職員であっても必ず実施しなくてならないことはマニュアル化しておき、利用者一人ひとりの個別の要望などに応えるといった臨機応変さが求められることについては、マニュアルに「考え方」を示しておくということです。

「新入職員の早期戦力化にとって、マニュアルがいかに大切か」が、ご**理解いただけるでしょう**（図表 4-4 参照）。

第4章 ◆ 職員戦力化のポイント

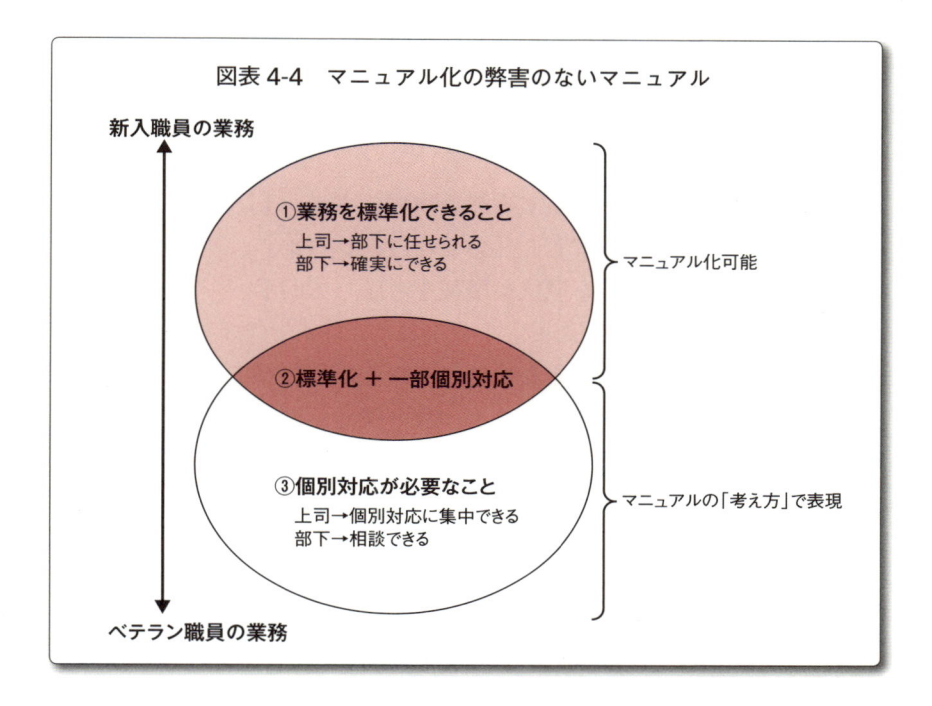

図表 4-4　マニュアル化の弊害のないマニュアル

↑ 新入職員の業務

① 業務を標準化できること
　上司→部下に任せられる
　部下→確実にできる

② 標準化 ＋ 一部個別対応

③ 個別対応が必要なこと
　上司→個別対応に集中できる
　部下→相談できる

↓ ベテラン職員の業務

①② マニュアル化可能
③ マニュアルの「考え方」で表現

第4章のまとめ

◆ **サービスの質向上に資する職員育成のポイント**
「姿勢」「マインド」と「必要な技術レベル」、「身につけておくべき知識」を職位や職種を考慮して明示

◆ **マニュアルの目的**
職人技という目に見えないノウハウを形式化して、他のメンバーに伝達し具現化すること。言い換えれば「暗黙知を形式知に変え、組織として、誰もが同じ業務をできるようにする」こと

◆ **マニュアル化のフロー**
①言語化
②フロー化
③構造化
④ビジュアル化
⑤モニタリング

◆ **マニュアルの弊害の克服**
マニュアル外の問題が生じた場合にも対応できる「考え方」を表現

第5章 職員を戦力化する教育・研修

第1節 教育・研修の前に考え、実施すべきこと

　第1章でもみたように、介護サービスの質を決定する重要な要因は「人」です。人材の育成は、サービスの質に直接影響を及ぼします。

　人材育成のために研修を実施することは、もちろん重要なことですが、研修を効果的に人材育成につなげるためには、必ず押さえておかなければならないポイントがあります。

　それは、研修を実施する前に、「人材の育成計画を立てる」ということです。現在の人材にどのような課題があって、今後どのような人材を育成しなくてはならないのかが明確になっていない中で研修をやっても、その研修の必要性について疑問が出てくる可能性があるからです。

　いま目の前にやらなくてはならないことがあるから、そのために研修を実施するという場当たり的なやり方では、決して事業者にとって必要な人材育成にはつながりません。**事業者が「求める人材像」をはっきりさせ、その人材像に近づけるために足りないところを研修し、現場で振り返りながら育成しないことには、育成効果はあがりません。**

　人材像には、事業者が求める「役割」「スキル」「知識」「コンピテンシー」などが明確化されている必要があります。事業者が人材にどのような役割を期待していて、そのためにどのような要素を必要としているのかがわからなければ、人材育成上の課題も方向性も定まりません。その上で、役割に応じて求められるスキルや知識が、個別に設定されるべきなのです。

　必要なスキルや知識、コンピテンシーは、人によって異なるはずですから、個人別の育成計画を策定する必要があります。ここに、第3章で述べた「目標管理」の大きな意義があります。

　目標管理で明らかにされた個別の育成計画があってはじめて、職員一人ひとりが、課題を自分自身で振り返り、今後どのような研修や教育を

受けるべきかが明確になるのです。

　このように、課題意識をしっかり持った上で研修を実施するのと、思いつきや場当たり的に研修を実施するのとでは、その成果に大きな差が生じます。研修は、**職員の一人ひとりが自分自身の課題に気づくための目標管理を実施し、研修計画を立てる**ところからスタートするべきです。

第2節 人材育成の体系

職員の研修・教育を大別すると、図表5-1のように整理することができます。

図表5-1　研修の種類

種類	内容・特徴
OFF-JT (Off the Job Training)	一般的な知識・技能・態度について、職員を職場から離し、一定期間集合して行う研修
OJT (On the Job Training)	職員一人ひとりに対し、職務遂行過程の中で必要性に応じ、仕事を通じ、あるいは仕事に関連して計画的、継続的に行う研修
SDS (Self Development System)	個人が必要とする知識や技能を自ら進んで学ぶ。また、施設や職場は本人の意欲を喚起し、促進するための援助を行う例もある。

このOFF-JT（Off the Job Training）、OJT（On the Job Training）、SDS（Self Development System）という3つの研修システムは、図表5-2のように関係づけられます。

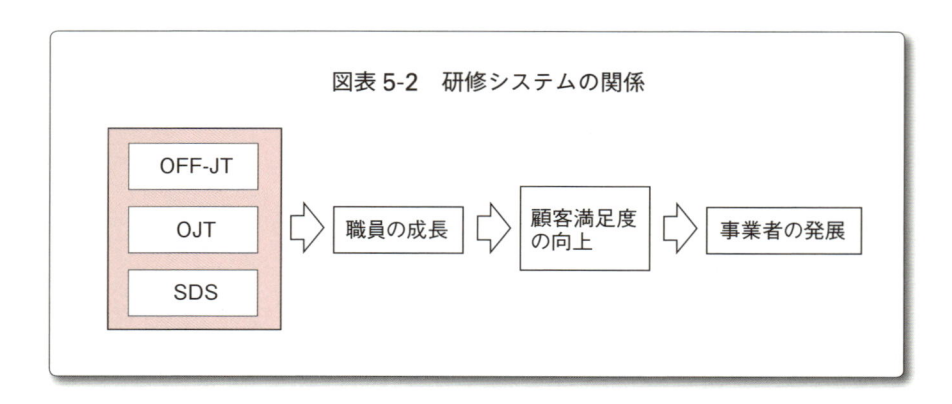

図表5-2　研修システムの関係

[OFF-JT / OJT / SDS] ⇒ 職員の成長 ⇒ 顧客満足度の向上 ⇒ 事業者の発展

第3節 OFF-JT（集合研修、職務を離れての研修）

（1）研修計画の策定

　OFF-JTとは、"Off the Job Training"の略称で、職務を離れての集合研修のことをいいます。

　研修計画をつくる場合、教育すべき内容を日程に落とし込むだけでは、意味のある研修計画にはなりません。個別の育成計画が策定され、職員一人ひとりの能力向上における課題が明らかにされ、研修ニーズが明確になったところで事業者としての研修計画を立てます。

　集合研修は、職員全員が受ける必要があるものと、役割や能力に応じて必要な研修とを区分して考えるべきです。制度変更や事業者としての理念・ミッションや方針の周知を目的とする場合には、全員を対象とした集合的研修で一斉に同じ情報を伝える必要があります。

　一方、利用者への対応スキルやアセスメント、記録の取り方、マネジメントスキルなどは、能力や職位、職種ごとに対象者を絞った少人数の研修のほうがより効果的です。

　また、講義形式、演習形式、実習形式など、研修の内容によってより効果のあがる方法を選んでください。

　参考までに、年間研修計画例（図表5-3）および新入職員研修カリキュラム例（図表5-4）を掲げておきます。もちろん、実際に計画を策定するにあたっては、それぞれの事業者ごとの研修の目的や特徴、カリキュラム構成を明確にした上で、オリジナルなものにすることが必要なことは、いうまでもありません。

(2) 研修振り返りのポイント

　研修は、ただ受けただけでは効果をあげることはできません。受講後に「何を学んだか」「具体的にどのようなことが身について、現場でどう活かすか」といったことを、しっかり振り返る必要があります。
　それも口頭などで「どうだった？」と聞くのではなく、書面にして残すことによって意識づけを行い、曖昧なことを曖昧なままにしておかないような工夫が必要です。単なる「感想文」で終わらせてしまっては、実践で活かすことができません。必ず、振り返るポイントを明確にしておく必要があります。
　そのためには、「振り返りシート」を作成することが有効です。最低限必要な項目には、
①研修で得られたことは何か
②実践で活かすためにはどうすればよいか
③実践で活かすには、どのような課題があるか
　といったことがあげられます。
　③の実践で活かすための課題については、「考え方」、「スキル」、「知識」といったぐあいに、さらに細分化しておくほうが、問題点が絞りやすくなります。
　「振り返りシート」の例（図表5-5）を示しておきますので、参考にしてみてください。

第5章 ◆ 職員を戦力化する教育・研修

図表5-3　年間研修計画例（社会福祉法人）

事業者名：○○苑　　　　　　　　　　　　　　　　　　　　　　　　　　　　　　　2010年度

	研修日	時間	時間数	講座番号	科目	育成計画記号
講義	6月5日	8：30～10：30		1	開講式、オリエンテーション	1A
		10：30～13：30	3	2	介護保険制度の今後とサービスの方向性	全員
		14：30～17：30	3	3	法人理念とサービスの質の向上	全員
	6月12日	9：30～12：30	3	4	サービス提供の基本視点	1A
		13：30～16：30	3	5	ホームヘルプサービスの概論	2A
	6月19日	8：30～11：30	3	6	介護概論	1A
		12：30～14：30	2	7	障害・疾病の理解①	3A
		14：30～17：30	3	8	生活援助の方法	3A
	6月26日	8：30～12：30	4	9	高齢者の生活と行動心理	2A
		13：30～17：30	4	10	高齢者等の家族の理解	2A
	7月3日	9：30～12：30	3	11	障害・疾病の理解②	3B
		13：30～16：30	3	12	認知症について	3B
	7月10日	8：30～12：30	4	13	尊厳の尊重、虐待、身体拘束について	全員
		13：30～17：30	4	14	相談援助とケア計画の方法	3C
	7月17日	9：00～12：00	3	15	医学の基礎知識Ⅰ	4A
		13：00～17：00	4	16	介護事例検討	全員
	7月31日	10：00～12：00	2	17	リハビリ・テーションの基礎知識	4B
		13：00～17：00	4	18	住宅福祉用具に関する知識	3A
演習	8月7日	9：00～12：00	3	19	在宅看護の基礎知識Ⅰ	4B
		13：00～17：00	4	20	基本介護技術① 緊急時の対応 普通救命講習	1B
	8月13日	8：30～12：30	4	21	基本介護技術② 記録の方法 腰痛の予防等、介護者の健康管理	1B
		13：30～17：30	4	22	基本介護技術③ 衣類着脱の介助、寝具交換 褥瘡予防	1B
	8月14日	9：00～12：00	3	23	基本介護技術④ 寝床上での体位 感染症、食中毒について	2B
		13：00～17：00	4	24	基本介護技術⑤ 家具・車椅子等への移乗の介護 車椅子・肢体不自由者・視覚障害者等の移動、歩行の介助	2B
	8月20日	8：30～12：30	3.5	25	基本介護技術⑥ 排泄、尿失禁の介助	3A
		13：00～17：00	4	26	基本介護技術⑦ リスクマネジメントと緊急時対応	3A
	8月21日	9：00～12：00	3	27	基本介護技術⑧ 入浴の介助 身体の清潔（細部の清潔・清拭）	3B
				28	基本介護技術⑨ 個人情報とプライバシー保護	3C
実習	8月28日	9：00～12：00	3	29	レクリエーション体験学習	3B
		13：00～17：00	4	30	共感的理解と基本的態度の形成	4A
	9月4日	9：00～15：00	4	31	訪問介護計画の作成と記録、報告の技術	4B
		15：00～17：30		32	実習オリエンテーション	3B・4B
	9月12日～10月25日のうち2日間		16		介護実習（法人内交換留学）	3B
演習	10月21日～11月18日のうち1日間		10		目標管理（演習と実習）	4B
	9月5日(月)～9月9日のうち1日間		8		マネジメントスキルと人材育成（実習中心）	4B
	11月20日	9：00～12：00	2	33	実習報告会、閉講式	4B
外部に講師派遣している研修（地域の居宅サービス事業者やヘルパー等の従業者も受講）						
特別	12月2日	10：00～12：00	2		自立に向けたケア（心理）	フリー
	1月11日	10：00～12：00	2		自立に向けたケア（生活リハ）	フリー

図表 5-4　新入職員研修カリキュラム例

【研修のねらいと目的】
- 事業者の理念・ミッションや方針、めざす姿を理解し、自分自身のめざす姿をイメージする
- 社会人、組織人としての自覚をもつとともに、介護従事者として仕事に取り組む基本的姿勢を理解し、確立する。
- 職場での基本動作、仕事に必要な基礎知識、接遇マナーを修得する。
- 職場への帰属意識とモチベーションを高め、職員としての健全な連帯感を深める。

【カリキュラム】
1　組織とマネジメントについての基礎知識
　(1) 事業者の経営理念・運営方針の周知徹底
　(2) 事業者の組織体制の理解
　(3) 職位ごとの責任と権限の理解
　　　①指示命令
　　　②報告・連絡・相談（ホウ・レン・ソウ）
　(4) 部門・職種の業務内容の理解と役割意識の確立
2　仕事についての基礎知識
　(1) 仕事の基礎知識、基礎技術・職能の修得
　(2) 効果的な仕事の進め方
　(3) 報告書・記録の作成法方法
3　労働条件について
　就業規則、給与規程、管理規程、諸手続き等を説明し、本事業者で働く上での責任と権利を明確化する。
4　組織人としての生活と規律
　基本的な規律やビジネスマナーを身につける。
5　利用者サービスの質向上について
　顧客満足度を向上させるために必要な基礎を身につける。
　(1) サービス業としての「介護サービス」意識の醸成
　(2) 個別援助技術の向上
　(3) 接遇・マナー教育

図表 5-5　研修振り返りシート

| 事業所名 | | 担当 | | 氏名 | |

◆この研修で得られたこと

◆実践で活かすためには、今後、職場の中でどのような点に気をつければよいか？

◆そのためにどのような課題があるか

・考え方、視点などについて

・スキル、テクニック面

・知識、情報面

・その他

◆今後やってほしい研修や意見など自由に

(3) 研修記録

「振り返りシート」とは別に、事業者が、「誰がどういう研修を受講し、その成果はどうであったか」を把握しておくことは、職員の育成を考える上できわめて重要です。

どの職員にも、得意な分野と不得意な分野があります。早期に職員の戦力化を図るためには、**「どんな点でつまずいてしまうのか」「どういうことが得意なのか」を、常に把握して、今後の育成計画に反映させる必要があります**。その際、研修効果があったかどうかをテストするなど、効果測定を実施すると、さらに緊張感が高まります。

以下に、研修記録例（図表5-6）を示しておきますので、参考にしてみてください。

(4) さらなる業務改善へ

受講した研修は、サービスや仕組みのさらなる改善に活かすことが大切です。**職場を離れた研修は、慣れによって当たり前になっているサービスや仕組みを見直すきっかけになります**。研修によって気づいたことを自分たちの組織にもち帰り、組織内で共有することによって内部では発見できない課題が見えてくることもあります。

サービスの見直し、記録の方法、使用しているフォーマット類、マニュアルなど、改善すべき点を研修で得た知識から、実際の業務に活かせるようにすることが大切です。そのためには、研修結果が組織に浸透するように委員会や各種会議、カンファレンスなどをうまく活用すべきです。

受講してきた職員が講師となり、職場内研修を実施することも効果的です。講師役を務めることで知識が体系化され、整理されるとともに、職場の他の職員に周知を図ることもできます。また、現場の取組みを研修メニューにして、改善へのヒントを掴むことも有効です。

図表5-6　研修記録の例

現任研修・訓練記録

	施設長	研修担当者

研修名　ICFに基づいたアセスメントについて　　　研修場所　　○○
講師名　　リハビリテーション部長　　　○○　○○○
実施日時　2010年3月30日(火)　9:00～17:00
評価方法　スーパーバイザーによる効果測定（70点以上で到達。未到達者は再受講）
作成日　2010年3月31日(水)　　　　　　　作成者　△△　△△

【研修内容】 ICFに基づいたアセスメントシートの活用方法	【資料一覧】 文書番号　10－17参照 【育成計画記号】 4B		

受講者氏名	評価		受講者氏名	評価	
	到達	未達		到達	未達
×× ××	○		×× ××	○	
×× ××	○		×× ××		再受講
×× ××	○		×× ××	○	
×× ××		再受講	×× ××	○	
×× ××	○		×× ××	○	
×× ××	○		×× ××	○	
×× ××	○		×× ××	○	
×× ××	○		×× ××	○	

第4節 OJT（職務を通じての研修）

(1) OJTの定義

　OJTとは"On the Job Training"の略称で、職場内の上司や先輩である教育担当者（チューター）から、実際の業務を通じて、職務上のトレーニング教育を受けることをいいます。

　このOJTをうまく機能させるためにも、個別の育成計画が欠かせません。個人別の課題や方向性を設定することによって、実務の面で、どういうアドバイスやトレーニングを受ければいいのかが明確になるからです。どのようなスキルや知識が現場では求められるのかがわかりやすくなり、研修と実務の連動が図りやすくなります。

　OJTの内容を整理してみると、次の4つに分類できます。
①職場の教育担当者が職員に対して行う指導育成活動
②仕事を通じて行う指導育成活動
③仕事に必要な能力（知識、技術、コンピテンシー）を対象に行う指導育成活動
④継続的に、計画的に行う指導育成活動

(2) OJT実践のための指針

　OJTを実行するための指針には、次のようなものが考えられます。

①「日常のOJT」に加えて「意図的、計画的なOJT」を実践する

　日常の機会指導を意識的に実践するとともに、指導育成の目標（何を、どのレベルまで、いつまでに）を明確にし、意図的・計画的に指導します。

②職務遂行能力の向上に加えて人材の育成をめざす

　職務に必要な態度、価値観、知識、技術を育成することが目標ですが、現在の職務に必要とされる能力（職務遂行能力）を向上させるだけでなく、将来に向けた専門性や組織性を高めることをもめざし

ています。
③教育担当者と職員がニーズ、目標のすり合わせを行う
教育担当者と職員が、ニーズや目標のすり合わせを行うことが、自己啓発の課題やテーマの方向づけ、動機づけのために大切になります。
④「OJTとは何か」の共有化
OJTは、仕事を通じての研修であり、指導する立場にある教育担当者が、直接実施するものです。したがって、教育担当者と職員が、「OJTとは何か」について、共有化が図られていることが、重要な要件になります。

(3) OJTのメリットとデメリット
OJTのメリットには、以下のような点があります。
①現場に合った実践的指導ができる
②個別に適した指導が重点的にできる
③日常のどんな場面でも実施できる
④効果（結果）がすぐわかりフォローがしやすい
⑤職員と教育担当者とのコミュニケーションがとりやすくなる
⑥職員と教育担当者の双方がシステム（仕事）化できれば、職務がルール化できる
⑦蓄積した経験を日々の仕事の中で受けることができる
⑧フィードバックがあれば、OJTの方法に関して、さらなる創意工夫が生まれる
⑨教育担当者も仕事の再確認ができる
⑩職員の能力が向上することによって、教育担当者よりも高度な仕事の習得ができる可能性がある
⑪教育コストが少なくてすむ

反面、OJTには、次のようなデメリットもあります。
①指導内容や水準が教育担当者の経験や指導力の範囲に限定される
②計画的・体系的な指導となりにくい
③職務の達成度が優先され、達成感の尊重等の教育的配慮が二次に

なりやすい
　④職場の上下関係で行われるため、指示的・命令的になりやすく、受ける側からの意見や評価が反映しにくい
　以上のようなメリットとデメリットがあることに十分留意しながら活用すれば、OJTは職員の戦力化にとって、たいへん大きな役割を果たしてくれます。

第5節 SDSと動機づけ

(1) SDS

SDSは、"Self Development System"の略称で、OJTとOFF-JTと並んで、教育・研修の主要な3つの柱とされるもので、個々の職員の自己啓発を援助するシステムのことをいいます。

　一般的には、職場内外での自主的な研修活動に対する、
①経済的な援助
②時間的援助
③施設・設備の提供
などの支援を行うことをいいます。

(2) 動機づけ（motivation：モチベーション）

自己啓発ニーズが生まれるためには、動機づけがなくてはなりません。動機づけは、**ある人間に意欲をもたせ、熱心に目的をやり遂げさせること**と定義されます。

意欲をもつためには、目的が欠かせません。何か得たいもの、したいことがなければ、何かをしようとする気持ちにはなれないものです。また、欲しいという気持ちを起こさせるもの（誘因）が必要です。この2つの要因の双方があることが動機づけには不可欠です。

動機づけを促し、自己啓発ニーズを継続的に維持・向上させるためには、教育担当者や上司の役割が大きくものをいいます。第3章でみたように、自己評価からはじまる目標管理とコーチングスキルを活用した目標管理面接の実施方法が、職員の育成に多大な影響を与えます。とりわけ新入職員の場合には、その後の育成状況を大きく左右することになります。トータルな人事管理育成制度を常に意識した、体系的で計画的な指導が何よりも求められます。

第5章のまとめ

◆ **人材育成の体系**
　①OFF-JT：集合研修、職務を離れての研修
　②OJT：職務を通じての研修
　③SDS：自己啓発の援助

◆ **効果的なOFF-JT実施のポイント**
　①「振り返りシート」の作成
　②研修記録で効果測定

◆ **効果的なOJT実施のポイント**
　①職務遂行能力の向上に加えて人材の育成をめざす
　②教育担当者と職員がニーズ、目標のすり合わせを行う
　③「OJTとは何か」の共有化

◆ **SDSの具体的内容**
　①経済的援助
　②時間的援助
　③施設・設備の提供

◆ **動機づけ（モチベーション）のポイント**
　動機づけをし、自己啓発ニーズを継続的に維持・向上させるためには、教育担当者・上司の役割が重要

第6章

新入介護職員戦力化の留意点

第1節　新入介護職員戦力化の留意点

(1) 現場からの学びの重要性

　社会福祉法人全国社会福祉協議会・中央福祉人材センターが、2008年12月にまとめた「介護施設・事業所のための戦略的な採用と初期の定着促進の手引き」は、職員の初期の定着策として、次のようなポイントを示しています。

---

(1) 成長が実感できる教育の仕組み
　①先輩職員のマンツーマン指導で、実践的な実務習得とメンタルケア
　②体系的教育システムでステップバイステップのレベルアップ
(2) 初期の不安・不満を解消するコミュニケーションの仕組み
　①同期など、横の連携をサポートする仕組み
　②ラインマネジャーによる定期的な面接
　③相談窓口など、悩みや不安を相談できる窓口の設置
　④オピニオンサーベイなど、職員の意見やニーズを吸い上げる仕組み
(3) 目標、キャリアパスを描きやすい仕組みを作る
(4) 女性が働き続けやすい職場環境を整備する
(5) 認め、認められる組織文化を醸成する
　①存在を認める
　②意見やアイデアを認める
　③仕事ぶりや実績を認める
(6) トップの理念や方針を現場に浸透させる
(7) マネジャーのマネジメント力、部下指導・支援力を養う

この「手引き」を編集した「介護施設・事業所の採用活動と初期の教育訓練のあり方にかかわる調査研究委員会」の委員でもある堀田聰子氏（東京大学社会科学研究所特任准教授）は、株式会社ウエルビーが主催したセミナー「魅力ある訪問介護の職場づくりに向けて」（2008年2月）において、「（訪問介護事業所を魅力ある職場にするためには）雇用管理の取組み全体の充実、特に介護能力の適切な評価と、それに基づく処遇を行うことが不可欠」とした上で、次のような指摘をしています。

○ホームヘルパー2級は、資格取得後1年間程度は、実務経験に基づく集中的な能力開発期間と位置づける

○とりわけ新人は、能力と希望に応じた仕事の割り振り、定期的な同行指導、サービス提供責任者やベテランホームヘルパーに相談・アドバイスを受けられる機会を設けることが効果的

　また、西川真規子氏（法政大学大学院経営学研究科教授）も、『ケアワーク　支える力をどう育むか』（日本経済新聞出版社）において、「プロの介護職として対象者に働きかけ、課題を発見・設定し、解決できるようになるにはどのような学習が効果的なのか」について言及しています。

　同書では、エバンズ（Evans D）の「玉ねぎモデル」を引用して、介護職員の学習のあり様を、おおよそ次のように述べています（図表5-7参照）。

①学習者である介護職員が、玉ねぎの中心部をなしている。
②介護職員は、その周辺に位置する実務経験を積むことで、常にその経験を構築しその意味づけを行っている。
③次の層は、現場での上司・先輩・同僚である実務指導者。介護職員の現場での経験の構築、意味づけに影響を及ぼし、その経験からできるだけ多くのことを引き出す役割を担っている。
④最も周辺にあるのが、専門教育機関等での教師、指導員である教育担当者。これらは、介護職員が実務を評価したり、理論および実践法と関連づけしたりする際に支援する役割を担うが、介護職員からは最も遠くに位置するため、その学習に果たす役割も現場での経験や実務指導者よりは弱い。

続けて西川氏は、「よって、既存の知識そのものの習得よりも、現場での知識獲得プロセス、つまり『経験学習』の方が重要になってくる。つまり、『何を学ぶか、何を知っているか』よりも、『どう学ぶか、どう知るか（意味づけを行うか）』が重要になる」と述べた上で、「専門的観点から経験の意味づけを行うよう学習者に促すことのできる現場で多様な経験を積んだ上司や先輩、同僚の役割は大きい」としています。

　このように、堀田、西川の両氏とも、**現場における上司や先輩の重要性**を指摘しています。

　ただし、ここから「新入職員教育は、ベテランに任せっきりでいい」というふうに、短絡的な結論を導いてしまうのは、大きな誤りです。

　実際、「うちの事業所は、OJT中心で教育を実施しています」という声を聞きくことが、少なからずあります。ところが、そのような中には、職員に、「単に現場体験をさせるだけがOJTだ」と勘違いしている事業者があります

　第4節でも述べたように、「指導育成の目標（何を、どのレベルまで、いつまでに）を明確にし、意図的・計画的に指導する」ことがOJTの本来の姿です。そのためには、具体的な育成計画が必須になります。

　また、教育担当者や実務指導者のめざすところ、教育指針が統一されていなくては、新入職員の悩みは増すばかりで、スキルアップなどおぼつかないのも当然だとおわかりいただけるでしょう。

「現場中心」は「職員頼み」ではありません。第1章で述べたマネジメントの意義を、もう一度振り返ってみてください。

（2）小規模事業者こそ個別的な研修計画を

　新入職員の教育・研修にあたって、介護事業者に特徴的な点として、一部の大規模事業者を除いては、新卒者の定期採用が困難なことが挙げられます。ほとんどの採用を中途採用に頼っている事業者も、少なくありません。

　となれば、新入職員の教育・研修のポイントも、新卒者一般のものとは異なってきます。採用した人材が介護経験者であれば、そのスキルやレベルにあわせた、より個別的な研修（計画）が必要になります。

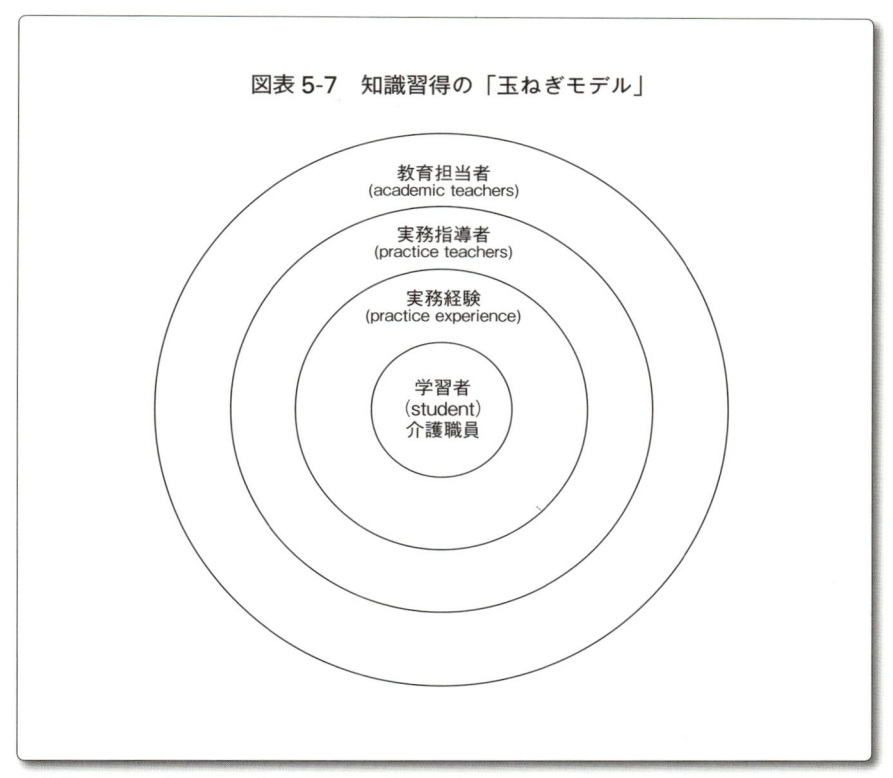

第6章 ◆ 新入介護職員戦力化の留意点

図表5-7　知識習得の「玉ねぎモデル」

- 教育担当者 (academic teachers)
- 実務指導者 (practice teachers)
- 実務経験 (practice experience)
- 学習者 (student) 介護職員

出典:『ケアワーク　支える力をどう育むか』西川真規子(日本経済新聞出版社・2008年)のエバンズの図を改変

　往々にして、経験者を採用したときには、資格や提出書類、面接時の印象に頼って、「いきなり現場へ」というケースをみかけることがあります。しかし、これまで述べてきたように、職員のスキルや経験だけでは、事業者のめざすケアを実現することはできません。**採用後間もない時期に、事業者の理念やケア観、求める職員像などの基本的なポイント明示し、そこから教育をスタートさせることが、その後の職員と事業者の成長に、大きく影響を及ぼします。**

　また、未経験者を採用した場合には、技術研修が一方の中心とはなりますが、この場合も、早期に事業者の理念・ミッションや方針もあわせて理解させておかないと、将来的な職員の成長を妨げる要因になってし

まいます。
　新入介護職員を早期に戦力化しようと思うのであれば、「お手軽な『促成栽培』では、初期の目的の達成がかえって遠のいてしまう」ということを、ぜひ忘れないでいただきたいと思います。

第6章のまとめ

◆ **職員の初期の定着策のポイント**
　①成長が実感できる教育の仕組み
　②不安・不満を解消するコミュニケーションの仕組み
　③目標、キャリアパスを描きやすい仕組み
　④女性が働き続けやすい職場環境の設備
　⑤認め、認められる組織文化の醸成
　⑥理念や方針の現場への浸透
　⑦マネジャーのマネジメント力、指導・支援力の養成

◆ **新入介護職員の研修の留意点**
　①重要な現場からの学びは上司や先輩がキーマン
　②事業者の理念やケア観など基本的な部分を、採用間もない時期に教育する
　③指導育成の目標（何を、どのレベルまで、いつまでに）を明確にし、具体的な個別育成計画を作成
　④お手軽な「促成栽培」はしない

CASE STUDY

事例

※ケーススタディ01、02、04は、『最新介護経営 介護ビジョン』（日本医療企画）に掲載したものを修正し、再編集したものです。

ケーススタディ 01

社会福祉法人育恵会

宮城の里デイサービスセンター

正当な評価と育成がケアの質を高め職員の早期育成につながる

　赤城山のふもとに位置し、馬場に隣接したのどかな雰囲気の「宮城の里デイサービスセンター」では、「人事管理育成トータルシステム」を2005年から採用。人材育成を含めた人事体制を整え、徐々に成果を上げている。

社会福祉法人育恵会
宮城の里
デイサービスセンター

所在地	群馬県前橋市市之関町401
設立年	1999年
定員	居宅介護支援70名、デイサービス40名、予防デイサービス40名
職員数	居宅介護支援／専従(常勤)2名、兼務(常勤)1名、デイサービス／専従(常勤)9名、兼務(常勤)7名、予防デイサービス／専従(常勤)5名、兼務(常勤)10名、兼務(非常勤)4名
併設事業	通所介護、訪問介護、居宅介護支援、デイサービス、予防デイサービス、保育

http://www.ikukei.or.jp/

総括的システム構築で人事考課、育成体制を強化

　「現在もまだまだ途中の段階ですが、導入当初は職員の理解が得られず、苦労しました。組織の仕組みを根本から変えるというのは大変な作業です」と話すのは、宮城の里デイサービスセンターの狩野新一郎所長。同事業所の母体は、1971年から地域に根付いた保育所を運営していた社会福祉法人育恵会で、当時の宮城村（現前橋市市之関町）の事業を受託し、保育所に併設する形で99年にオープンした。
　顔見知りの多い地域の中で和気あいあいと始めた事業所だったが、規模が大きくなるに従い、人事管理を見直す必要が出てきたという。そこで同事業所では、それまで給与表だけだった人事体制を改め、「人事管理育成トータルシステム」を導入。行動基準（図表1）や目標管理シート（図表2）を用いてきちんと評価できる体制を強化した。

正当な評価と育成で職員の成長とモチベーションアップを図る

狩野所長

　だが、行動基準や目標管理は職員になかなか受け入れられなかった。「利用者との人間関係ができているから余計なものは必要ない」「今までも頑張っているのにさらに目標が出されるのか」などの反発もあったという。しかし、それらは職員の行動を縛るものではなく、正当な評価とキャリアパスを保証するためのもので、ひいてはケアの質を標準化し、より高めていくものだと認識されるにつれ、現場の意識は変わってきたそうだ。

「正当な評価は結果的に職員のモチベーションアップにつながります。自分の将来像を描けることで、現在の自分のあるべき姿がわかるので、効率的にステップアップできます」（狩野氏）。行動基準は、職員が自己チェックをしたのち、面談時に指導的立場の者が個別に確認。修正が必要と思われる項目については、職員の自覚を促し修正していく形をとっている。この面談のような職員間の関わりをおろそかにしない取組みが、職員のやる気を引き出すことにつながると狩野氏は語る。

　このように、めざすべき方向性が定まったことで、職員が自ら成長できる環境が整いつつあり、結果と

図表1　行動基準（参考例）

業務内容		行動基準	チェック
行動の基本	規律性	①言葉遣いや礼儀が後輩の見本となっている。	
		②施設内の指揮系統や職務分担を理解して、報告・連絡・相談ができる。	
	責任性	①与えられた仕事を分担して遂行し、完了の確認が行える。	
		②予定（目標）の期限内に正確に業務を成し遂げている。	
	協調性	①法人の運営方針を理解し、目標に真剣に取り組むことができる。	
	積極性・自己啓発	①サービスの質向上や介護技術習得のため、内部研修の開催または参加ができる。	
	指導力	①後輩に対して、定型的業務を具体的に教えることができる。	
		②後輩の職務遂行について、相手の立場を理解して良い指導・援助をしている。	
利用者満足度		①ご利用者とのコミュニケーションを通じて、ご利用者の心理を察知し、自然に介護することができる。	
		②苦情・意見に対して丁寧に対応し、謝罪したり相手の感情を和らげたりすることができる。	

して早期育成につながっているようだ。現在では、人事管理と育成の枠組みがある程度確立され、職員一人ひとりの目標設定も具体性を帯びてきたという。「今後は個々の職員に足りない知識や技術、行動特性についての研修・育成を課題とし、体系的な育成を続けていきたい」（狩野氏）

図表２　目標管理シート

目標管理シート（　　年10月～　　年3月）

所属		氏名		面接日	期初	月　日	面接者	
		職位			中間	月　日		

目標の難易度評価→◎：挑戦的な水準、○：適切な水準、△：平易な水準

期末評価→（平易な水準）5：目標をはるかに上回った（○：×2、◎：×3）4：目標を上回った（同左）3：目標をほぼ達成した（同上）2：目標を下回ったが支障はなかった 1：目標を下回り、支障が出た

業務目標			上司の難易度評価／コメント		本人・上司期末評価／コメント	
担当業務（主要業務の再確認）	重点業務目標（何をどのレベルまで）	達成方法・スケジュール（どのように）（いつまでに）	難易	上段：期初 下段：期末	評価	上段：本人 下段：上司
（共通業務） ・朝ミーティング ・利用者受け入れ準備 ・朝の送迎 ・トイレ介助 ・入浴介助 ・整髪 ・昼食介助 ・レクリエーション介助 ・静養介助 ・ケース記録 ・おやつ介助 ・帰り、送迎 ・次の日の準備 ・帰り、ミーティング （固有の業務） ・きまぐれ通信係 ・用具点検係 （ウェイト70%）	（チーム目標） ・一人一人をもっと知って新たな関わり方をしていく。 （ウェイト15%）	一人、一人の機能の維持、向上のために、見守り、声かけそして待つという事が出来る様に心がける	○ ◎	計画書とのつながりを大事にして実施をしていってください。 業務の見直しをしながら、ご利用者への時間をつくる工夫をしながら連携をうまく行って行ってください。	3 4	・目標を意識しながら、利用者と関わっていけたので、これからも続けて行っていきたい。以前よりは見守り、声かけや待つことができたと思う。 目を配っていくご利用者の様子をつかんで行くことができる様です。これからも気を配ってください。
	（個人目標①） ・利用者が、今以上に宮城の里へ来る事が楽しみになる様なサービスをする。 （ウェイ10%）	・その時々に利用者が何をどうしたいのか？という気持ちを考え、行動できる様に心掛ける。そして、その状況をできるだけ近くで感じて、ほんの少しでも力になれるようにする。	◎	利用者さんの心の思いを聞くことは難しいと思いますが、傾聴くことが介護の仕事の中では大切です。 時間の合い間を見ながら、お話しを聞いている様子をよく見かけました。そのお話しの中からの言葉を生かしていきましょう	3 4	・なるべく時間に余裕ができた時など一人でいる方と話をしたり、関わることができた。そこで得るものもたくさんあったので、これからも続けたい。 生活を支える部分では、その方の生活がどの様になっているか、何に困っているかが支援のポイントになります。これからも、これらを支援というポイントから見ていって下さい。
	（個人目標②） ・整理・整頓 （ウェイト5%）	・自分の生活を振り返り、自分の立場になって、宮城の里でできていない、細かい部分まで、利用者に対して気配りをしていきたい。	◎ ○	業務も一様に覚え、自分なりの仕事のスタイルができてくるといいですね 先輩の仕事のすき間の仕事もみつけてやっていました。今後は[illegible]は、もれなく出来ています。	4 3	・テーブル拭きはなるべく心掛けて行えたが、普段あまり掃除していない所も、時間に余裕がある時は行っていけたら良いと思う。 業務の流れを検討に入れた、整理ができる様に、皆で検討していきましょう。
			◎ ○		3	

能力開発目標			
（来年度の希望担当）	（今後身につけたい能力・資格） 介護福祉士、社会福祉士		5
（活用して欲しい能力・経験）	園（センター）運営や行事についての意見 職員同士の交流会をもう少し増やしてほしい。	上司意見	介護福祉士の資格もとれた様ですね おめでとうございます。 変わっていく制度な流れにも、これから目を向けていきましょう

＊業務目標、能力開発目標を設定し、上司と面接の上、確定してください。

事例 ケーススタディ 01

職員育成についての現場の声

古里悦子
統括主任

当事業所では、「歩きたいという気持ちを引き出し、少しずつでも歩いてもらう」ことを心がけ、ケアしすぎないケアを行っています。他事業所では職員から「危ないから動かないで」と言われるご利用者もいらっしゃいますが、その方々には歩く力と理由があります。それを制限して動けなくしてしまうことほど悲しいことはありません。

新人職員にもこういった姿勢はきちんと伝えなければなりません。未経験者雇用の多い当事業所では、入職1カ月は常にフロアを担当してもらい、ご利用者の顔・名前・特性を覚え、関係をつくることから始めます。その後、先輩職員が様子を見ながら介助技術などを教えていきます。ご利用者に接するのと同じく、職員の特性を見極めながら、穏やかなペースで研修（OJT）を行うのです。

もちろん、現場にも余裕があるわけではないので、先輩職員の負担は増えます。しかし、当事業所で理念や方針を含めて1番大事にしていることを身をもって覚えてもらわなければ、結局は遠回りになってしまいます。「核」となる考え方の部分をしっかり教育することが職員のためであり、利用者のためにもなります。

介護未経験の職員は、初めは業務についてくるのが精一杯だと思います。しかし慣れてくれば、それまでの個人が持つ経験を活かしてさまざまな問題提起ができるのです。先輩職員が気付かない疑問を指摘することで、職場内の活性化や研鑽につながります。未経験者雇用にはそういったメリットもあるのです。

ケーススタディ 02
社会福祉法人芳洋会

日の出ホーム

研修、面談を通した個別対応で現場と経営の一体感を育てる

　年間の研修プログラムを整備し、体系的な研修を行うことで、介護技術の習得にとどまらず、職員の自己啓発、メンタルトレーニングも積極支援する社会福祉法人芳洋会。

　新人育成面談など、マネジャーが職員のスキルを把握するシステムをつくり、できることは任せて一人ひとりの職員に達成感を与える。

　職場横断的な委員会活動でも職員の活躍の場を与えるなど、やりがいを重視した職場だ。

外部講師やセミナー活用で職員のメンタル面も成長

　社会福祉法人芳洋会は、定員200名の特別養護老人ホーム「日の出ホーム」をはじめ、デイサービスセンター（定員10名）、ショートステイ（定員15名）、居宅介護支援事業所、訪問介護などを職員約100名で運営している。

　同法人は1972年に発足。介護保険導入を控えた98年頃、従来のスタイルを変えようと、経営コンサルティングや人事考課制度の導入を始めた。職場環境の変化から、正職員の半数近くが辞めた時期もあるが、2000年には新体制を発足し、人材の定着、育成システムの構築に取り組んできた。

社会福祉法人芳洋会
日の出ホーム

所在地	東京都西多摩郡日の出町平井3076
設立年	1972年
定員	介護老人福祉施設／特別養護老人ホーム200名、在宅サービスセンター40名、デイサービスセンター10名、ショートステイ15名
居室数	4人部屋17室、2人部屋37室、3人部屋2室、個室67室
職員数	介護87名（うち非常勤22名）看護14名（うち非常勤9名）作業療法士2名（うち非常勤1名）
併設事業	特別養護老人ホーム、短期入所生活介護、訪問介護員養成研修、通所介護、居宅介護支援、訪問介護

http://www.h-sunrise.com/

同法人の特徴は研修にある。各職種を対象に「OJT（職務を通じての研修）」「OFF-JT（職場を離れての研修）」「SDS（自己啓発援助制度）」（図表）が設定されている。介護技術の職場研修から外部講師、民間企業主催のセミナーまで、あらゆる研修が業務として年間プログラムに組み込まれている。

同法人の神田明啓事務局長は、「公的機関や保健所が主催する介護技術に関する研修を利用する事業所は多い。しかし、それだけでは職員個人がどんな人材になりたいのか、事業所が職員をどう育てたいのかという視点に欠けます」という。

個々の職員が人生設計や努力目標、キャリアビジョンを描くためにも、体系化された能力開発、教育研修が不可欠なのだ。

同法人の組織は、施設長および部門ごとの部長という管理職の下に、各課で独立したマネジャー（チーフマネジャー、マネジャー、サブマネジャー）職がある。

研修を依頼する外部講師やセミナーは、管理職やマネジャーが実際に受講した中から選ぶことにしている。この講習は有効と考えた場合、直接その講師、あるいは研修会社にアプローチして、法人内研修を依頼するのだ。

研修テーマは、職員が現在抱えている課題にそった内容を選ぶようにしている。たとえば、入職2〜3年目の職員の必須研修として、株式会社ヒューマックスの自己分析に関するセミナーがある。2日間で行われ、半年後にフォローアップ研修が組まれている。受講経験のある現職マネジャーは「困難な状況でも、冷静に解決方法を考えられるようになった」とその研修の有効性を話す。

報告書や面談をツールに個人の声を組織に集約

研修受講後、職員には報告書の提出が課せられるが、すぐに業務に役立つ成果は求められない。同法人の齋藤郁子施設長は、「私自身がある事業所の職員だった頃、研修から帰るたびに『すぐに現場で役立つことはないのか？』と迫られて閉口した経験がある。職員はいずれ幹部に育つ人材で、目の前のケアだけを考えればよいわけではないのです」という。齋藤施設長は、報告書は研修の概要ではなく、個人の考えや視点を書くよう指導している。また、

報告書にうなずける点があれば、「私もそう思う」と、職員に直接共感を伝え、研修報告書をコミュニケーションツールとしても利用している。

また同法人には、「マイ★スター制度」という職員育成プログラムがある。業務の習熟度と仕事に対するモラル・スタンスを把握するためのチェックリストを用いた面談で、人事考課の面談とは別立てで、年4回行われる。「マイ★スター制度」で用いられるリストは清掃、環境整備など14項目にわたり、約400個のチェック項目がある。職員がマネジャーとの面談で個々の業務について「できる」「できない」を申告し、職員の成長の度合を計る。

ケアサービス部マネジャーの越沼研氏は、「評価することよりもスタッフ一人ひとりを理解するためのコミュニケーションツールだと考えています。項目の多さも個人を知る上で有効です」という。マネジャーはスタッフが得意なことは安心して任せられるので、スタッフも「任せられる喜び」を得られる。逆に不得手を細かに把握すれば、実務でフォローアップすることが可能だ。

少人数の職場改善委員会も職員が達成感得る機会に

同法人には、職場横断的な10種類の委員会があり、各委員会で業務改善に取り組んでいる。

ケアサービス部マネジャーの瀬沼光太氏は、「委員会活動は、他部署の職員と情報を共有することによって、通常業務にない"気づき"が得られる場。すべての委員会は8～10人規模で、若手職員でも能力を発揮して達成感を得ることができる」と話す。職員は、通常業務以外の場面でも、組織への帰属意識を高めているのだ。

職員個人の声を組織によってくみ上げる機会を、研修、面談などの形でシステム化している点が、芳洋会の特徴といえそうだ。

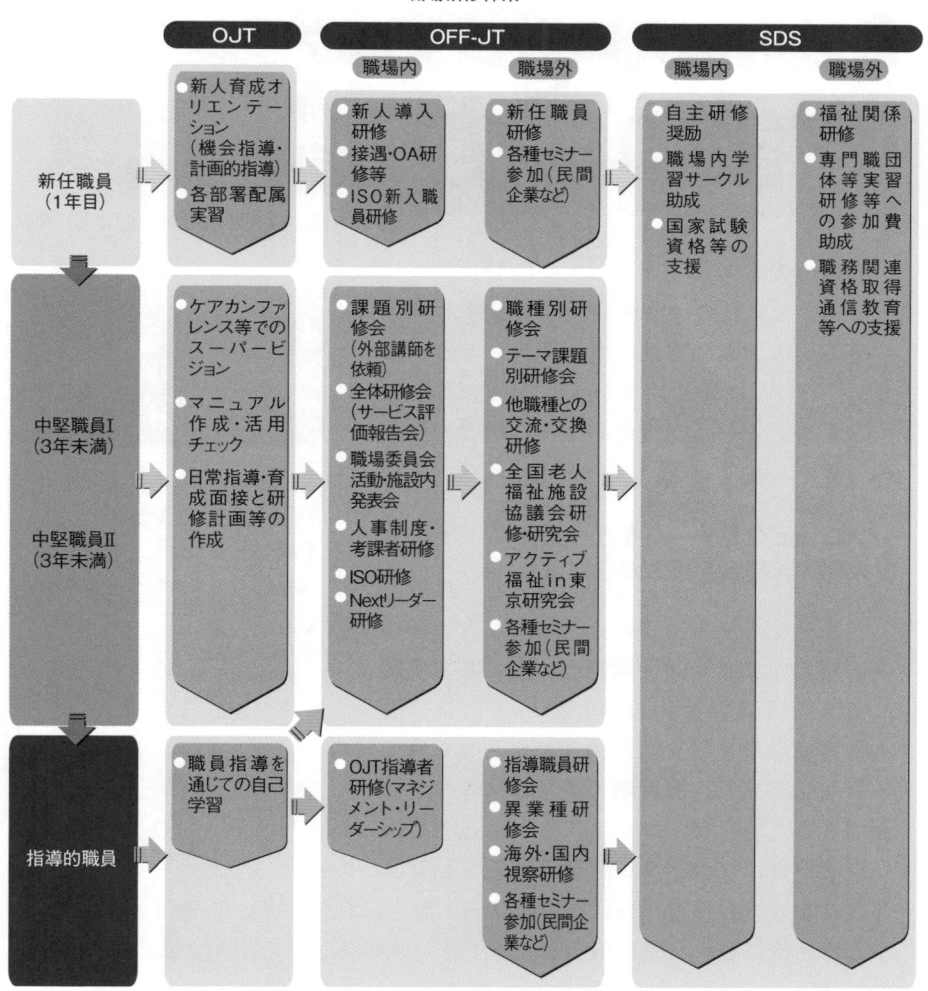

事例 ◇ ケーススタディ 02

職場研修体系

	OJT	OFF-JT 職場内	OFF-JT 職場外	SDS 職場内	SDS 職場外
新任職員(1年目)	●新人育成オリエンテーション(機会指導・計画的指導) ●各部署配属実習	●新人導入研修 ●接遇・OA研修等 ●ISO新入職員研修	●新任職員研修 ●各種セミナー参加(民間企業など)	●自主研修奨励 ●職場内学習サークル助成 ●国家試験資格等の支援	●福祉関係研修 ●専門職団体等実習研修等への参加費助成 ●職務関連資格取得通信教育等への支援
中堅職員Ⅰ(3年未満) **中堅職員Ⅱ(3年未満)**	●ケアカンファレンス等でのスーパービジョン ●マニュアル作成・活用チェック ●日常指導・育成面接と研修計画等の作成	●課題別研修会(外部講師を依頼) ●全体研修会(サービス評価報告会) ●職場委員会活動施設内発表会 ●人事制度・考課者研修 ●ISO研修 ●Nextリーダー研修	●職種別研修会 ●テーマ課題別研修会 ●他職種との交流・交換研修 ●全国老人福祉施設協議会研修・研究会 ●アクティブ福祉in東京研究会 ●各種セミナー参加(民間企業など)		
指導的職員	●職員指導を通じての自己学習	●OJT指導者研修(マネジメント・リーダーシップ)	●指導職員研修会 ●異業種研修会 ●海外・国内視察研修 ●各種セミナー参加(民間企業など)		

ケーススタディ 03
株式会社和香紗

在宅ケアセンターわかさ

独自の人事考課プログラム導入により職員が成長 介護の質の向上にもつながる

　独自の人事考課プログラムを開発し、人材育成に力を入れている株式会社和香紗。
　そのシステムは自社内での運用にとどまらず、「E-WORKコンシェルジュ」としてオンライン化し、介護業界全体に影響力を発揮しようとしている。

プロジェクトチームを立ち上げ 人事考課制度を根本から見直し

　グループホームや居宅介護支援など、地域密着型のケアを介護保険制度に先んじて実践してきた株式会社和香紗。2006年には介護人材育成事業を行う株式会社わかさコンシェルジュを設立し、介護職の適正なスキルを評価できる人事考課プログラムを作り上げた。

株式会社和香紗
在宅ケアセンターわかさ
所在地　：　茨城県龍ケ崎市羽原町1918-1
設立年　：　2001年
職員数　：　63名
併設事業：　ショートステイ、グループホーム、デイサービス、居宅介護支援

http://www.cc-wakasa.jp/

　なぜ独自にプログラム開発・導入へと至ったのか。
　「これまで、人事考課の目標管理シート記入に職員は1～2時間かかっていました。次にそれを受け取ったリーダーは、コメントを記入するのに一人あたり30分以上はかかるんです」（代表取締役　中村香代氏）
　就業時間内は仕事があるため、職員は残業して書いていたという。とても時間のかかる作業で負担があるにもかかわらず、「給与査定でしか使われていなかった」（中村氏）ことを問題視し、介護力向上につながる人事考課を模索し始めた。

事例 ケーススタディ 03

　そして5年前、介護職の質を測るスケールになる評価方法をめざし、中規模介護事業所や医療法人と合同でプロジェクトチームを立ち上げた。さらに、自社の介護内容にマッチした項目へとブラッシュアップし、人事考課プログラムを完成させた。

　職員の評価には、介護技術などをチェックする「介護評価シート」と個人の資質や仕事に対する姿勢などを測る「コンピテンシー」システムを活用。この2つを利用することで職員は現在抱えている課題を発見でき、それを踏まえて「目標管理シート」に長期ビジョンと短期的な目標を記入する。

　職員とリーダーは、評価シートと目標管理シートを見ながら目標管理面接を行う。面接は次のように進む。

　「おむつ交換をすばやくやりたい」と記入した新入職員。リーダーは「早くしたいのは介護者の都合。これは事業理念に反する」と指摘。目標を介護技術の向上に絞り込んだところ、職員の回答は「本を見て勉強する。回数をこなす」。リーダーは「先輩に教えてもらうのはどうですか」とアドバイスした。ここでリーダーは入職後、数ヵ月すると初歩的なことを質問しづらいという現場の課題を発見。早速、現場に新人フォローを指示した。

　「今までの目標管理はあいまいでしたが、開発した人事考課プログラムでは職員の課題や悩みを抽出できるようになりました。それが『目標設定ができる』現場リーダーを育てることにもつながっています」(中村氏)。

　職員の具体的な課題に気づけないリーダーでは目標設定のアドバイスができない。それが現在は気をつけて見るべきポイントが評価基準などに示されているため、リーダーの能力も向上してきたという。さらに、「職員は毎日の業務に必死で課題にも気づけなかったが、このプログラムの運用で『気づける体質』になった」(中村氏)

目標管理面接風景

115

というから効果は大きい。

　目標管理シートは職員間で共有することで、誰がどんな課題を抱えているか、また組織が向かおうとしている方向性などを共有できるメリットもある。支援が必要な職員へ適宜フォローでき、個々が行動の修正をすることで事業理念のブレが少なくなり、結果的に介護の質を高めることにつながっている。

1000以上の評価項目を設定し、ブレのない評価を目指す

　同社が開発し導入している人事考課で目を見張るのは、介護評価シートだけでも1000以上の評価項目が設定されていることだ。このためリーダーによって評価に差が生じたり、評価に納得できない職員のモチベーションが低下する心配が軽減された。同社が行っている業務内容を徹底的に可視化し、それを評価シートに反映させるためにはこれだけの項目が必要だったという。

　介護評価シートの開発では「生活向上支援」にこだわり、「その人の食生活や食事の好みを把握するためのアセスメントを日常的に行っている」「一般的な高齢者にとって食べやすい物・食べにくい物がわかる」といった高齢者の生活意欲を引き出す支援をするための介護技術を評価している。

キャリアパスに対応した、「E-WORKコンシェルジュ」を開発

中村香代　代表取締役

　なにより、同社の人事考課が特徴的なのは、これらをオンラインシステム化したことだ。同社が作成した人事考課の評価、目標管理プログラムに、新たに人材教育プログラムを複合し、「E-WORK コンシェルジュ」と呼ぶ業界初のキャリアパスシステムを完成させた(次ページ画面)。そしてこの度、国の政策的な動きを背景にキャリアパスの必要性が高まってきたこともあり、他法人へのシステム供給という新しい展開を迎える。このシステムを介護業界に広め、「いい仕事、いい介護を導く手助けをしたい」というのが中村氏の願いだ。

　ランニングコストは職員一人あたり数百円／月となる見込み。事業所によ

り仕事のやり方は違うので、1000項目以上ある評価基準から事業者ごとに適用する項目だけ抽出していく。システムは数カ月で稼働でき、各法人オリジナルのレベル設定が可能だ。

　人事考課も目標管理も人材教育プログラムも、職員はパソコンを使って記入するが、項目をタッチペンでチェックしていくだけなので、パソコン経験の浅い職員でも安心して使用できるのが魅力だ。さらに、作業時間の短縮も図れる。

　クイズ形式で介護知識を修得できる人材教育プログラムや人材管理プログラムのパッケージ導入により、介護職員処遇改善交付金の支給要件であるキャリアパスにも対応する。

　介護業界は小規模のところが多く、同じような規模の事業者が開発したプログラムなだけに現場の事情にマッチしやすい。すでに多くの介護事業者から大きな期待が寄せられている。

オンラインシステム「E-WORK コンシェルジュ」

ケーススタディ 04

社会福祉法人
こうほうえん

育成面接を通じ信頼関係を築くことが人材定着につながる

社会福祉法人こうほうえんは、社会福祉法人を取り巻く環境変化に対応するために、新たな人事管理制度を導入。

職員のモチベーション向上と人件費の適正化を実現させている。

社会福祉法人
こうほうえん

所在地	鳥取県米子市両三柳1400
設立年	1986年
定員	介護老人保健施設230名、特別養護老人ホーム620名（ショートステイ含む）
職員数	1,620名（正規職員1,156名、非正規職員464名）
併設事業	通所介護、介護老人保健施設、訪問介護、認知症対応型共同生活介護　他

http://www.kohoen.jp/

介護保険制度開始を機に
新たな人事管理制度を検討

1987年の特別養護老人ホーム開設を皮切りに、介護老人保健施設、グループホーム、通所介護、訪問介護、保育所等、現在、鳥取県を中心に約70事業所を運営し（2007年4月には東京都北区に総合福祉施設を、2009年には東京都品川区に、小学校跡地を改築した高齢者向け優良賃貸住宅と保育園も開設）、職員数約1,600人を擁する社会福祉法人「こうほうえん」。事業開始以来、独自の人事制度を柱に、柔軟な組織づくり、人材（財）育成、財源確保と重点投資等を行っている。

同法人は、1998年にグループホームを開設したが、当時補助金は一切なく、利用者からの収入のみで運営を行わなければならなかった。最大の問題は人件費で、9人の入居者に7人の正職員を配置すれば約24万円かかってしまう。そこで「グループホームに必要な、家事ができ、高齢者とのコミュニケーションがきちんと図れる人材として、40歳以上をターゲットに新たな職員処遇

をつくりました」(同法人)。

「介護士Ⅱ」*と呼ばれる新たな職員処遇対象者は40歳以上を対象とし、鳥取県の産休代替職員と同等の臨時職待遇であったが、募集したところ多数の応募があり、優秀な人材を多く獲得できた。その後、対象をデイサービスや施設にも広げ、対象年齢を35歳に下げても、優秀な人材が集まった。こうして、同法人では中途採用者を貴重な戦力としてきたが、正職員よりも優秀な介護士Ⅱの出現や、年齢制限により正職員になれないなどの不合理が生じてきた。

現場に即した人事制度を構築するために、2000年、まずは現場の主任クラスを中心に新人事制度のワーキンググループをつくり、法人内で問題の共通認識を図った。2カ月間の検討結果をふまえ、さらに、人事制度の客観性と人事考課者の訓練を行うため、エイデル研究所にコンサルタントを依頼。全職員に、処遇、職務環境等のモラル調査を実施した。結果は意外にも介護士Ⅱが全項目で全国平均よりプラスの水準だったのに対し、正職員はマイナスもしくは平均値であった。

「正職員は自分の施設しか知らないのに対し、介護士Ⅱは給与相場、福利厚生等世間を知っている。モラール(労働意欲)を支えているのは中途採用の介護士Ⅱであり、中途採用者であっても、がんばったら報われる給与体系が必要」(同法人)

そこで、翌2001年に臨時職員の処遇を改善するために、一般職(無資格職員)・総合職(有資格職員)制度へ変更した。同制度では、介護士Ⅱは一般職に、うち有資格者は総合職に、正職員はすべて総合職に昇格としたので、不利益を被る職員はなく、全員の同意が得られた。

＊介護士Ⅱの要件：24時間365日サービス提供できる体制の構築に必要な時間働けて、福祉マインドのある者。
① 夜勤が可能、②早番、遅番勤務が可能、③日曜、祝日勤務が可能、④8時間勤務(夜勤時は2勤務16時間勤務)が可能

職群別人事管理制度を導入
法人全体の人事体制を見直し

　同制度への変更は、法人全体の人事体制の見直しという狙いもあった。アンケート結果により、成果主義による人事考課に全員の同意が得られたことから、2002年には、職群別人事管理制度を導入。総合職から専門職（看護師・リハビリスタッフ）を分け、市場に応じた初任賃金設定が可能で柔軟な給与体系とした（図表）。

　最大の特徴として、従来の賃金テーブルの廃止が挙げられる。職群基本給は範囲給を適用しており、俸給表ではないので制度移行時に格付け調整の必要がなく、移行費用が発生しない。また、手当の簡素化のため、特業手当や資格手当を廃止し、職務手当に変更。資格背景によらず担当職務に応じた取り扱いとした。

　同時に、総合職は夜勤や勤務異動が可能であることや、役職任期を2年間の更新制とした。「35歳で役職に就いたとして、その後定年まですべての人が役職であり続けることは、この変化の時代に適さない。役職者の任務は事業所の運営と後継者の育成であり、自分より優秀な後継者を育てバトンタッチを行うことは仕事の一つでもあります。主任を降ろされたのではなくバト

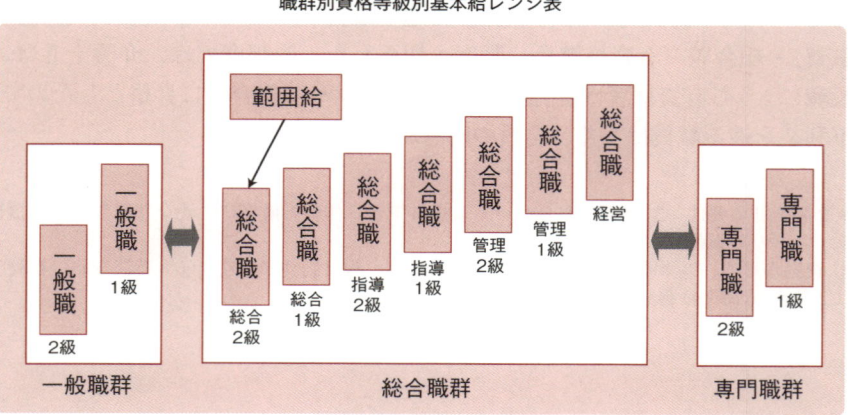

職群別資格等級別基本給レンジ表

一般職群：一般職2級、一般職1級
総合職群：総合職 総合2級（範囲給）、総合職 総合1級、総合職 指導2級、総合職 指導1級、総合職 管理2級、総合職 管理1級、総合職 経営
専門職群：専門職2級、専門職1級

ンタッチしたという"文化"をつくることで、法人は活性化するはずです。介護職では自分が率先して仕事はできても、指示命令が苦手な人も多い。役職を降りる自由もあってよいし、トライアルでの若手登用も可能となります」（同法人）

　夜勤のできない職員は一般職であるが、優秀な一般職ならば高く評価。一般職1級が総合職2級より高いケースもある。一方で、子育てで夜勤のできなくなった総合職には基本給を保証したうえで一般職への異動を認め、子育てが終われば一般職から総合職に復帰できるなど、出産、育児等ライフサイクルに合わせた職群間の異動を認めた。
「新制度移行にあたっては、職員の不安感をなくすために現給を保証するとともに、職員ががんばれば報われる制度としました。仮に前職で失敗したとしても福祉の世界で再チャレンジすれば、無資格の一般職でも資格の取得により総合職への道があり、中途採用者のモチベーションが維持されるのです」（同法人）

　ただし、総合職になるにはいくつかのステップを経なければならない。まず正職員になるには、研修職員期間、臨時職員期間が各3カ月必要で、登用までに最低6カ月を要し、それが見極めの期間となる。また、職員登用時期は4、10月なので、正職員登用までには平均10カ月かかる。さらに、一般職から総合職にも最低3年間の勤務期間が必要なので、総合職になるには4年程度要する。

　この結果、同法人のパート比率は現在約20％だが、実質的には30％となっている。現在中途職員を毎年100人程度採用しており、今後一般職、総合職の比率は4対6と一般職の比率が高まっていく。こうした職員登用のステップが調整要素となり、人件費の適正化と職員のモラール向上の両立を果たしている。

　人事考課制度導入にあたっては、新たに業務管理・評価シート（DO-CAPシート）を導入。PDCAサイクルに基づき、活動評価、プロセス評価を始めた。
　プロセス評価では、考課要素に法人の望む職員像を盛り込んでいるのが特徴だ。従来の職能基準のように「～をする能力がある」ではなく、「～をやっている」ことを重視している。つまり、能力が発揮されることで、能力があ

ると評価している。

法人が求める職員像を実践する職員を高く評価する新制度へ

　一方で、法人全体としての計画達成にも取組み始めた。法人目標を打ち立て、それをエリア目標、部門目標に落とし込んでいくが、その過程で、職員側から「個人目標と法人目標が必ずしもリンクしない」「個人目標に法人目標が反映できるようにしてほしい」との声があがってきたという。

　また、2006年には『大切にしたい価値観』と題して、法人の理念と基本方針、求める職員像などを明文化し、発表した。その後、法人が求める職員像が職員に浸透していったことで、価値観にそった行動をした職員を評価すべきといった意見も出された。

　このような職員の意識の高まりのなかで2007年にチームプロジェクトを立ち上げ、制度の見直しを検討、2009年4月から新たな人事考課制度がスタートを切った。

　新たな人事制度は、法人目標→エリア目標→部門目標→個人目標と落とし込めるように、目標の設定時期を工夫するとともに、部門目標の内容を上司から職員に説明。説明を受けた職員は1年間取組むことを目標として上司に提出。提出されたシートに基づき目標面接を上司と職員で行い双方の合意が得られたものを個人目標とする。個人目標がどのように展開されているのか半年ごとに自己評価、上司評価を実施する。また、要素別評価の内容・表現も「大切にしたい価値観」とし、法人が明らかにした職員像を実際の行動面で実践している職員を高く評価するようにした。

　このように、スムーズに人事制度の見直しが図られた同法人だが、「人事評価システムは、昇進昇格制度等の処遇システムと人事考課制度等の評価システムがほとんどだが、社会福祉法人はその上に教育・研修制度や育成面接制度等の育成システムがなければなりません。最も重要視すべきは育成システムです。上司と部下が育成面接を通じ、理解・納得し、信頼関係が生まれれば、個人の成長、人材（財）育成につながり、自然と定着につながっていくと考えています。また、新たな人事制度の導入には、十分に職員の理解を

得られるよう、説明の機会やQ＆Aを準備するなど、ソフトランディングできるように十分準備することがきわめて重要です」（同法人）と、導入の際のポイントを指摘する。

　新制度は変更したばかりで成果が形になるのはこれからだが、「いろんな制度や仕組みがつながり整理されたことで理解しやすくなりました。また、法人目標と個人目標および評価が整理されたことで取組みやすくなったことが一番大きな変化で、年数を経るごとに成果が得られると考えています」（同法人）。

　従来、別々に作ってきた法人の制度や仕組みを、職員からの問題提起を契機にして実施された今回の制度改正。その始まりは、人事考課制度の導入だった。法人、職員双方が真剣に取組んだその結果の産物といえるだろう。

新入介護職員早期戦力化チェックリスト

あなたは経営者・リーダーとして、以下のポイントをきちんと理解した上で、マネジメントを行えていますか？
本書を読み終えた段階（現在）で、到達している項目にチェックを入れましょう。

○：十分行えている
△：まあまあ行えている
×：不十分である

章	項目	現在 (年 月)	(　)カ月後 (年 月)	(　)カ月後 (年 月)
第1章 人材・サービスの質を高める介護事業のマネジメント	介護事業の価値とは、「社会的責任を果たし、利用者から認知・信頼を得ること」にあることを理解した			
	介護事業における質には、「サービスの質」「人材の質」「マネジメントの質」の3つがあることを理解した			
	マネジメントとは、「経営資源を有効に活用し、業務遂行・目標達成を効果的に推進し、理念・目的の実現に至るプロセス」であることを理解した			
	事業者のめざす姿に対して、現状の仕組みは機能している			
	組織で共有化された認識＝「気づき」が、組織の中に生まれている			
	組織がめざす理念・ミッションや方針、大切にしている価値などが、職員に対して周知されている			
	仕組みや業務プロセス、仕事のやり方、教育のあり方は、めざすサービスの実現に役立っている			
第2章 介護事業の人材・雇用課題改善に向けた施策の動向	「介護職員処遇改善交付金」のスキームを理解し、活用している			
	「介護職員にはどのようなポスト・仕事があり、そのポスト・仕事に就くために、どのような能力・資格・経験等が必要なのか」を定め、それに応じた給与水準を定めて、厚労省の示したキャリアパス要件としている			
第3章 職員戦力化を実現する「人事管理育成トータルシステム」	人事考課の3要素「公平性」「透明性」「納得性」を備えた制度になっている			
	どのような結果を出せばどのような評価となるかが明確な人事考課制度になっている			
	人事考課の3つの評価スケール「達成度（成果実績）評価」「プロセス評価」「コンピテンシー評価」を職位別に設定し、すべての職員に公開している			
	事業者の理念・ミッションや方針に適った、達成に至るプロセス評価が整備されている			
	「必要な人材とは何か」「望ましい資質とは何か」といった「求める職員像」を職員に対して明らかにしている			
	目標管理の運用にあたって「目標管理シート」を用意し、活用している			

まだ到達できていない場合、目標達成したい年月を書き込んでください。その時点でチェックし、マネジメントの指針としてください。

○：十分行えている
△：まあまあ行えている
×：不十分である

章	項目	現在 (　年　月)	(　)カ月後 (　年　月)	(　)カ月後 (　年　月)
第4章 職員戦力化の ポイント	事業者が求める「姿勢」「マインド」、「必要な技術レベル」、「身につけておくべき知識」を職位や職種ごとに、すべての職員に明示している			
	個々の人材に期待する役割を設定している			
	期待する役割に対して、「どこまで果たすべき責任が生じるのか」「その責任を果たすために、どの程度、自分自身の個性や特徴を発揮してよいか」を示している			
	誰もが一定以上のレベルの業務ができるようにマニュアルを作成している			
第5章 職員を戦力化する 教育・研修	人材の育成計画を立て、現在の人材の課題と、今後どのような人材を育成する必要があるのかを明確にしている			
	事業者が求める人材像に近づけるために足りないところを研修し、現場で振り返りながら育成をしている			
	「振り返りシート」を作成し、活用している			
	研修効果をテストするなど、効果測定を実施している			
	教育担当者と職員の間で、ニーズや目標のすり合わせを行っている			
	「OJTとは何か」について、教育担当者と職員で共有化が図られている			
第6章 新入介護職員 戦力化の留意点	先輩職員のマンツーマン指導で、実践的な実務習得とメンタルケアができている			
	同期など、横の連携をサポートする仕組みがある			
	能力と希望に応じた仕事の割り振りを行っている			
	サービス提供責任者や先輩職員に相談・アドバイスを受けられる機会を設けている			
	事業者の理念・ミッションや方針など基本的な部分を、採用間もない時期に教育している			
	指導育成の目標(何を、どのレベルまで、いつまでに)を明確にし、具体的な個別育成計画を作成している			

【参考文献】

日経連・社会福祉懇談会人事システム研究会編『選ばれる福祉サービスの人事システム―人事考課・賃金制度・人材育成―（介護施設・知的障害者更生施設編）』中央法規出版、1999年

青木正人監修、グローバル・ネットワーク著『最新　成功する介護ビジネスの起こし方・運営一切』日本実業出版社、2006年

青木正人・浅野睦共著『選ばれる事業者になる　変革期の介護ビジネス―情報公表制度・第三者評価を活かす事業経営―』学陽書房、2007年

西川真規子『ケアワーク　支える力をどう育むか―スキル習得の仕組みとワークライフバランス―』日本経済新聞出版社、2008年

青木正人「経済危機対策は産業としてインフラとしての介護事業発展の契機」『介護経営白書2009年度版』日本医療企画、2009年、p.47

中村香代・木村暎美子「待遇のコントロールだけでなく、モチベーション、質の向上にも資する新しい人事考課の仕組みづくりが急務―専用オンラインシステムを活用してサービス・事業所別の独自キャリアパス構築を目指せ―」『介護経営白書2009年度版』日本医療企画、2009年、p.240

青木正人「青木正人の介護福祉MBA講座」、『月刊老施協』Vol.436-442、2008年

青木正人「介護業界の動向分析と今後の展望」、『介護ビジョン』67巻、2009年、p.21-25

青木正人「介護事業者はどこへ向かうのか―社会と制度の将来を見据えて―」、『地域ケアリング』Vol.11、No.4、2009年、p.14-23

青木 正人（あおき まさと）

株式会社ウエルビー代表取締役

1955（昭和30）年生まれ。富山県出身。1978（昭和53）年神戸大学経営学部卒業。福祉専門学校・高齢者福祉施設等の設立から運営を手がけるなど介護福祉関連事業の理論と現場に精通。2000（平成12）年株式会社ウエルビー設立。介護福祉ビジネスの経営・人事労務・教育分野等のコンサルティングならびに自治体の福祉施策等のコンサルティングを展開している。日本介護経営学会会員・現代経営学研究所会員。

著書に『選ばれる事業者になる 変革期の介護ビジネス──情報公表制度・第三者評価を活かす事業経営』（学陽書房）、『指導・監査に負けない ケアマネ事業運営のポイント70』『介護経営白書 2009年度版』（共著、日本医療企画）、『最新 成功する介護ビジネスの起こし方・運営一切』（日本実業出版社）などがある。

株式会社ウエルビー
URL：http://www.well-be.net/

新入介護職員早期戦力化マニュアル

2010年3月26日 第1版第1刷発行

著 者　青木 正人
発行者　林　諄
発行所　株式会社日本医療企画
　　　　〒101-0033　東京都千代田区神田岩本町4-14 神田平成ビル
　　　　TEL.03-3256-2861（代）
　　　　http://www.jmp.co.jp
印刷所　大日本印刷株式会社
©Masato Aoki 2010,Printed in Japan

ISBN978-4-89041-883-1　C3034
定価はカバーに表示しています